Gérez votre temps... pour en gagner !

Daniel Latrobe

esf
EDITEUR

Management
les guides

© 2004 ESF éditeur
Division de Reed Business Information
2, rue Maurice-Hartmann, 92133 Issy-les-Moulineaux Cedex
www.esf-editeur.fr

Responsable éditoriale : Solange Morin

1re édition 2004
2e tirage

Édition établie par Laurence Lenglet

Illustrations : Taï-Marc Le Thanh

ISBN 2 7101-1669-3

ISSN : demande en cours

Management
les guides

Fidèle à l'esprit du magazine *Management*, facile d'accès et très opérationnelle, cette collection propose des guides pratiques qui vous accompagneront dans votre quotidien professionnel comme personnel.

Dans chaque ouvrage, vous trouverez :

✔ des apports méthodologiques synthétiques ;

✔ des exercices pour vous entraîner : quiz, mises en situation, auto-évaluations jalonnent votre lecture… ;

✔ des conseils pratiques, des témoignages pour illustrer les outils proposés ;

✔ des points clés repérables d'un seul coup d'œil, à réexploiter dans vos missions quotidiennes ;

✔ et, en fin d'ouvrage, les résultats des exercices commentés afin de capitaliser et de progresser.

Trois axes de développement professionnel vous sont proposés grâce à cette collection : Efficacité professionnelle ; Pratique du management ; Développement personnel.

Dans la même collection

- ✔ *Développez votre confiance en vous*
- ✔ *Optimisez vos relations aux autres*
- ✔ *Réussissez toutes vos négociations*

Sommaire

CHAPITRE 1

CHAPITRE 2

CHAPITRE 3

CHAPITRE 4

CHAPITRE 5

CHAPITRE 6

Introduction

Un professeur prend un aquarium et le remplit de gros cailloux.
– L'aquarium est-il plein ? demande-t-il à ses étudiants.
– Oui, répondent la plupart d'entre eux.

Le professeur ajoute du sable dans l'aquarium avant de réitérer sa question.
– Est-il plein ?
– Oui, répondent quelques étudiants, après un moment d'hésitation.
Le professeur verse alors de l'eau, remplissant l'aquarium à ras bord.
– L'aquarium est-il plein ? demande-t-il à nouveau.
– Probablement que oui, répondent les étudiants.
– Effectivement, reprend le professeur, il est plein ! Et qu'en déduisez-vous ?

La réponse fusa :
– C'est la preuve que lorsqu'on croit qu'on ne peut pas en ajouter plus, on y arrive malgré tout.
Le professeur fait alors la répartie suivante :
– Vous auriez dû déduire que si je n'avais pas commencé par déposer les gros cailloux au fond de l'aquarium, je n'aurais jamais pu les y ajouter ensuite.

Cette célèbre analogie, que l'on doit à Stephen Covey, résume parfaitement en quoi consiste la gestion du temps. Vous l'avez compris, vos « gros cailloux » sont vos grandes priorités, celles qui donnent du sens à votre temps. L'eau et le sable sont ces broutilles qui occupent tout votre temps au détriment de ce que vous tenez pour essentiel.

S'il faut toujours garder à l'esprit la question du sens, avec notamment la question cruciale des objectifs de vie traitée en fin d'ouvrage, notre interrogation sur la gestion du temps se pose, avant tout, en termes pratiques : comment faire entrer, dans le peu de temps disponible, l'ensemble de nos tâches quotidiennes ? En la matière, nous sommes donc particulièrement demandeurs de recettes et de conseils.

Le présent ouvrage répond bien entendu, et abondamment, à cette demande bien légitime : repérage des quatre pièges fondamentaux de la gestion du temps, définition des priorités, catégorisation des tâches en fonction des critères d'urgence et d'importance, plan de journée, choix d'un support de gestion du temps véritablement adapté à vos besoins, meilleure utilisation des outils de travail (téléphone, messagerie, etc.) et développement de compétences nouvelles (lecture, écriture, informatique, Internet).

L'application de ces conseils et techniques vous fera gagner en confort psychologique et en compétence de gestion. Mais cela ne règlera pas tout !

Car bien sûr, en matière de gestion du temps aussi, « l'enfer, c'est les autres ». Après la dimension instrumentale, l'ouvrage aborde donc la dimension relationnelle de la gestion du temps en proposant des clés pour l'amélioration du travail en équipe, la chasse aux pertes de temps subies et aux comportements contre-productifs ainsi que la résolution des conflits.

Enfin, et parce qu'il ne saurait y avoir de véritable gestion du temps sans définition d'un projet de vie, cet ouvrage vous invitera à revisiter votre existence et peut-être à revoir, là encore, vos priorités – vos « gros cailloux » – pour gagner en cohérence et redonner du sens à votre temps.

Chapitre 1

Gestion du temps : où en êtes-vous ?

Objectifs du chapitre

- ✗ Identifier vos stratégies de gestion du temps.
- ✗ Comprendre les enjeux qui régissent votre relation au temps.
- ✗ Vaincre votre résistance au changement.
- ✗ Apprendre à donner du sens au temps.

Section 1

Quelle stratégie exploitez-vous ?

Gérer son temps, c'est d'abord une prise de conscience avant d'être un état d'esprit. Cette section vous aidera à vous poser les bonnes questions et à déterminer s'il est opportun pour vous de changer vos habitudes. Mais quel type de gestionnaire du temps êtes-vous ?

1 Distinguez les 3 composantes de la gestion du temps

En pratique :

La GESTION DU TEMPS, c'est :	3 composantes donc 3 stratégies
Réaliser une **tâche**	Composante **Organisation** (économie d'énergie par une meilleure gestion de la tâche)
Dans des **contraintes de temps**	Composante **Mesure du temps** (durée + délai)
Pour **atteindre un but**	Composante **Sens de l'action** (intérêt et valeur ajoutée de la tâche)

« Tâche + contraintes de temps + but » sont les trois éléments sur lesquels il faut agir pour améliorer votre gestion du temps.

Selon votre personnalité, votre mode de vie, votre métier, vos impulsions et besoins vitaux, vous privilégiez légitimement l'une des trois composantes.

Ainsi, vos conceptions de la gestion du temps induisent trois styles de comportements pouvant se combiner.

⏭ Vous privilégiez la composante « Organisation »

Centré sur la tâche, votre effort porte sur le contenu du travail et son organisation. Vous recherchez l'efficacité dans l'économie d'énergie. Entrent dans cette composante : votre souci chronique du classement, votre préparation minutieuse du travail, l'optimisation de votre environnement, l'organisation de vos moyens, la simplification et la standardisation des procédures. Les nouvelles technologies de l'information et de la communication sont fondamentales si l'information est une ressource déterminante dans la compétitivité de votre environnement.

Témoignage

Jocelyne : « Gérer son temps, c'est, selon moi, organiser le travail de manière à gagner du temps dans toutes les tâches à faire. Je me débrouille plutôt bien pour penser des systèmes qui me feront gagner du temps après. »

⏭ Vous privilégiez la composante « Mesure du temps »

Votre effort porte sur la maîtrise des durées et des échéances. C'est cette composante qui est le plus souvent valorisée lorsqu'est évoquée la notion de gestion du temps. Elle se manifeste dans l'analyse minutieuse des durées, la planification rigoureuse de votre travail, la négociation de vos calendriers et le respect parfois obsessionnel des dates butoir.

Témoignage

Stéphane : « Je ne supporte pas les gens qui ne sont pas à l'heure et qui ne respectent pas les délais. Quand on gère son temps, on se doit de planifier les tâches qu'on nous demande pour les livrer à temps, sinon il faut les refuser. Ce que je fais sans honte. Et je me méfie, pour ma part, du temps qu'elles prennent. Je me donne toujours une petite marge. »

⏭ Vous privilégiez la composante « Sens de l'action »

Vous êtes centré sur le but, votre effort porte sur la finalité du travail et son utilité. Il s'agit pour vous de tamiser toutes les tâches et d'en peser la réelle valeur ajoutée afin de devenir « financier » plutôt que « comptable » de votre temps.

Témoignage

Sandrine : « Pour moi, la gestion du temps, c'est un ratio utilité/dépense d'énergie.
Je me demande tout le temps si ça vaut le coup. Le premier truc, c'est le distinguo entre l'important et le non-important. Et comme je ne suis pas perfectionniste, je préfère en faire un peu moins plutôt que d'y passer trop de temps. Savoir définir mes priorités me paraît essentiel. »

Entrent dans cette composante : la catégorisation de vos tâches selon les critères d'urgence et d'importance, la recherche instinctive de sens, la priorisation permanente, la prise en compte des opportunités, l'élaboration de vos stratégies de réussite.

Les techniques de gestion du temps doivent intégrer ces trois composantes pour être complètes. Chacune d'elles concourt diversement à une bonne gestion du temps et, en principe, il faudrait les optimiser toutes les trois. Toutefois, il est prudent de penser que votre bien-être passe plus par une gestion harmonieuse des déséquilibres que par une lutte acharnée contre le maillon le plus faible. Dans le premier cas, vous pourrez parler de « stratégie », alors que dans le second cas, cela deviendrait du « dressage ».

❷ Posez-vous les bonnes questions

Déterminer votre style de gestion du temps vous amènera à vous poser les questions suivantes :

✔ ***Vous vous concentrez sur la tâche :*** mon métier me satisfait-il ? L'organisation générale pour l'accomplir est-elle adaptée ?

✔ ***Vous vous concentrez sur les contraintes de temps :*** le temps que j'y consacre est-il conforme à mes désirs explicites et me permet-il d'obtenir, dans des délais sereins, ce que je souhaite en retirer ?

✔ ***Vous vous concentrez sur le but :*** le sens de mes actions professionnelles m'épanouit-il et contribue-t-il à me rendre heureux ?

Nous nous posons les questions majeures essentiellement en temps de crise. Par exemple, lorsqu'un métier dévoreur d'énergie nous fait oublier de nous assurer qu'il reste en cohérence avec les buts ultimes que nous poursuivons.

Et vous, où en êtes-vous ?

Vous arrive-t-il de penser que...

Apportez une réponse spontanée aux dix questions suivantes en cochant dans la colonne Fréquemment ou Jamais.

	Questions	Fréquemment	Jamais
1	Vous sacrifiez fréquemment votre vie personnelle et rentrez trop souvent tracassé à la maison.	X	
2	Vous avez tendance à allonger petit à petit vos journées de travail.		X
3	Vous emportez de plus en plus souvent du travail à la maison.	X	
4	Vous dépensez beaucoup d'énergie sans en voir le résultat.	X	
5	Vous devez compenser le manque de travail des autres.		X
6	Vous terminez vos journées en ayant l'impression de vous être dispersé.	X	
7	Vous avez du mal à citer les 10 tâches qui représentent votre raison d'être au sein de l'entreprise.	X	
8	Vous perdez décidément beaucoup trop de temps à rechercher l'information.		X
9	Vous avez du mal à visualiser tout ce que vous devrez faire dans les 15 jours à venir.	X	
10	Vous n'avez pas suffisamment de temps pour vous tenir à jour de toutes les évolutions concernant votre métier et les moyens techniques facilitateurs (informatiques, assistants...).	X	

Pour connaître le résultat de votre auto-évaluation, reportez-vous à la page 117.

Section 2

Pourquoi est-il si difficile de gérer son temps ?

Le stress empêche souvent de prendre du recul et de reconsidérer ses habitudes de travail. Mais surtout, la routine qui s'est instaurée apporte des bénéfices psychologiques auxquels l'on n'est pas forcément prêt à renoncer. Cette section vous aidera à débusquer vos travers pour pactiser avec le temps et vous rapprocher de ce qui vous paraît essentiel.

❶ Les trois usages du temps

Dans votre activité professionnelle, vous passez du temps à faire trois types de tâches :

✔ ***Ce qu'on vous demande de faire :*** ce sont les ordres, les tâches réclamées par la hiérarchie, les demandes incontournables des autres, ce qu'exigent votre poste et votre fonction ;

✔ ***Ce qu'il est important de faire :*** tout ce qui relève des contraintes vitales et naturelles ou des valeurs dictées par vos convictions et votre éthique professionnelle ;

✔ ***Ce que vous aimez et avez envie de faire :*** c'est l'usage du temps qui, probablement, vous satisfait le plus parce qu'il s'inscrit dans vos besoins réels ou imaginés, vos motivations conscientes ou inconscientes.

Trois cercles aident à visualiser ces trois usages. Ils peuvent être distincts ou se recouvrir.

La « gestion du temps » est facile, presque instinctive, lorsque les cercles se recouvrent. **La situation idéale** qui donne du « sens » au temps **est représentée par une centration des trois disques**. Cette convergence des énergies rend aisé le recentrage des pulsions profondes et oriente la gestion spontanée des priorités dans le respect des

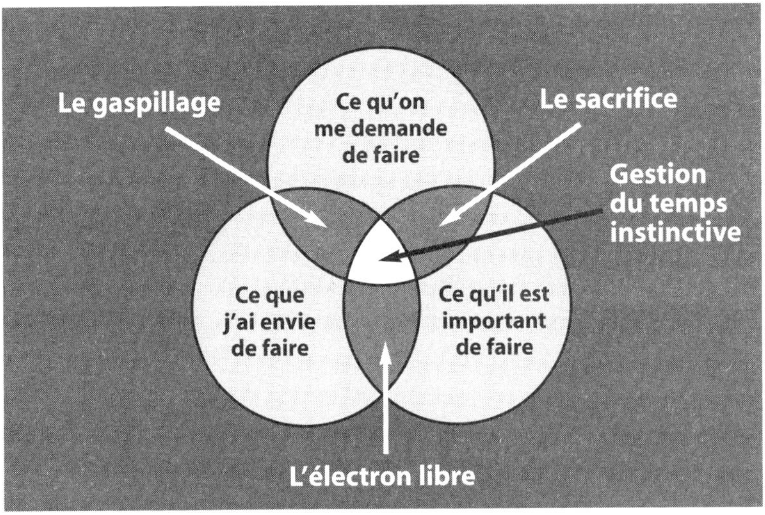

missions confiées. Dans ce cas, vous ne gérez plus votre temps : vous utilisez la « ressource temps » au quotidien pour vous réaliser, créer une œuvre qui donne un sens à votre vie.

❷ Prenez du recul

Quelle que soit la phase actuelle de votre vie, l'un des bénéfices de la gestion du temps est la prise de conscience que vous avez encore suffisamment de temps pour vous rapprocher de ce que vous souhaitez profondément. Alors, commencez par le commencement en essayant de voir quelle situation ressemble le plus à la vôtre.

⏭ Vous gaspillez votre énergie

Le temps passé à réaliser un travail « demandé », que vous « aimez faire », mais « inutile et peu important » est un gâchis d'énergie. La seule compensation est le plaisir que vous y trouvez. Mieux vaut l'assumer comme tel plutôt que de travestir l'intérêt réel de ces occupations. Il n'existe pas un seul individu qui admette dépenser de l'énergie inutilement. On le devine, la sortie de crise, dans ce cas, passe par **une réorientation du plaisir dans le sens de l'important**.

⏭ Vous vous sacrifiez

Si vous consacrez une partie de votre temps à réaliser des tâches « demandées », « importantes », mais que vous n'aimez pas faire, alors vous vous sacrifiez. Le sens du devoir et le respect des contraintes vous animent. Votre production est bonne, votre technique aussi, mais parfois vous vous demandez si vous ne vous aliénez pas à en faire toujours plus. C'est devenu chez vous un mode de fonctionnement. Plus vous travaillez et moins vous en sentez les limites. Vous devenez un instrument au service des autres et des nécessités de la vie. Souvent, vous pensez : « À quoi bon tout cela ? »

Témoignage

Ambivalence

Alain : « J'étais venu en séminaire par simple curiosité car je ne voyais pas ce que l'on pouvait mettre derrière la notion de gestion du temps. Finalement, je me suis rendu compte que si les techniques de gestion du temps me semblaient artificielles, c'est parce que je ne suis pas débordé dans ma fonction. Je suis noyé dans une grande structure où l'écran de fumée fait encore illusion. En clair, je suis un électron libre. Maintenant, je me sens de plus en plus mal dans ma peau car je passe mon temps à faire un travail que je n'aime pas. »

⏭ Vous êtes un électron libre

Lorsque votre emploi du temps est garni de ce que vous aimez faire, que vous tenez pour essentiel mais qui ne vous est pas demandé, vous êtes « l'électron libre ». Vous ne vous ennuyez pas, passant votre temps à vous faire plaisir ou à produire ce qui, vous l'espérez, sera reconnu, tôt ou tard, comme méritoire. Parfois visionnaire, toujours autonome, vous ne vous trompez pas sur ce qui fera sûrement la différence demain.

⏭ Vous manquez d'un projet mobilisateur

En faisant converger les trois usages du temps, vous vous fatiguerez bien moins. Car la gestion du temps consiste souvent à **savoir s'organiser**. Lorsque tous les moments de la vie sont exploités au mieux pour affirmer nos objectifs fondamentaux, tout est prétexte à apprendre, à créer dans une direction unifiée. Et le stress diminue. Nous ne sommes jamais aussi courageux et efficaces que lorsque nous travaillons sur un projet qui, nous tenant à cœur, nous donne une raison d'être. S'épanouir, se réaliser, c'est se donner une raison d'agir. Et c'est dans cette liberté que sont générées les plus belles réussites.

❸ Maîtrisez votre changement

Les bonnes intentions, généralement, ne suffisent pas pour arriver à gérer son temps. Si nous avons tellement de mal à changer, c'est en raison de bénéfices psychologiques qui nous échappent. Toutefois, il est prudent de percevoir la résistance au changement comme une réaction saine de l'organisme qui se protège d'une agression ou de la perte d'un avantage acquis.

La peur d'être déçu nous empêche de regarder la réalité en face. Une forme de fatalisme excessif, trop empreint de soumission nous lie et nous aliène à notre condition. On craint que la méthode de gestion du temps exclue la dimension des envies et des besoins personnels, rendant ainsi captif d'une gestion uniquement utilitaire de son temps.

Quel que soit votre sentiment, ne cherchez pas à vous battre contre vous, **faites plutôt de vos qualités des alliées qui compenseront vos faiblesses.** Si vous avez du mal à travailler avec concentration le matin, réorganisez vos tâches en conséquence. Si vous avez du mal à vous préparer par défaut d'anticipation, mais qu'en revanche vous travaillez efficacement dans l'urgence, sachez vous protéger des perturbations à l'approche de l'échéance. **L'objectif n'est pas d'être parfait mais de gagner en cohérence.**

Témoignage

Savoir ce que je ne veux pas

Isabelle : « J'étais caissière dans un grand magasin spécialisé en produits audiovisuels. C'était un métier abrutissant. On voyait en moyenne 200 à 300 clients par jour. On ne peut pas faire ça longtemps sans aimer le contact. En fin de journée, j'étais épuisée. Le client échange rarement avec vous, plus souvent, il vous regarde étonné si vous lui adressez la parole. Finalement, je suis partie et je ne le regrette pas. »

Section 3

Ce qu'il faut savoir sur la gestion du temps

La gestion du temps dépend de votre capacité d'adaptation aux enjeux, aux autres, à vous-même et aux moyens qui régissent votre relation au temps. Cette section vous aidera à vous situer par rapport à ces exigences.

❶ Les salariés à l'heure de la mondialisation de l'économie

Pourquoi nous en demande-t-on toujours plus ? Pourquoi sommes-nous sans cesse confrontés à l'urgence, alors que tant d'individus sont au chômage ?

Difficile de répondre à ces questions sans se référer au contexte mondial et, en particulier, à l'un des facteurs majeurs du devenir de notre planète : la poussée démographique qu'Einstein avait baptisé la « troisième bombe mondiale » (après le nucléaire et l'informatique…).

De 1800 à 2000, la population mondiale est passée de 750 millions à 6 milliards d'individus. Sur ces 6 milliards, les pays dits industrialisés ne comptent actuellement qu'un milliard d'individus mais représentent la majeure partie des richesses produites.

Dans 100 ans, selon les projections actuelles, la planète comptera quelque 11 milliards d'individus, mais la part des pays industrialisés sera de plus en plus restreinte. Les rapports démographiques risquent donc de redistribuer le rapport d'influence entre les différentes cultures.

Pour faire face à ce défi, les pays actuellement leaders sont lancés dans une logique implacable d'échanges planétaires exacerbés, qui a aussi pour résultat d'amener les nations en développement vers plus de richesse et d'autonomie. Ainsi, pour maintenir leur niveau de vie et conserver une place significative sur l'échiquier mondial, les pays fortement industrialisés jouent-ils la carte de l'innovation, qui s'est traduite notamment par la révolution des nouvelles techniques de l'information et de la communication et la bataille pour la qualité totale. Avant que nous ne soyons engagés dans la guerre du non-gaspillage – prochain défi prévisible auquel s'atteleront les pays leaders –, cette mise en perspective laisse imaginer quelle gageure cette fuite en avant représente en termes de compétences attendues des salariés.

Dans cette optique, la gestion du temps impose de **marier une « logique des événements »** que nous ne pouvons pas changer à notre niveau **et « l'accomplissement » que nous attendons** de notre courte vie.

2 Conjuguer « savoir-faire » et « savoir-être »

Notre perception du temps varie selon l'angle de vue du moment : une approche technique qui porte sur les savoir-faire pour mieux le gérer, ou une approche existentielle qui porte sur des savoir-être pour mieux le vivre. Aujourd'hui, nous ne pouvons pas appréhender l'une sans l'autre, car se conjuguent les enjeux de compétitivité internationale, l'inflation de moyens technologiques avec ses apprentissages forcés, les contraintes légales d'horaires et les limites naturelles à la capacité d'adaptation des individus.

Pour mieux situer ces différents apports, il est commode de les rassembler en un même schéma. Vous pourrez y repérer plus facilement les thèmes qui vous « interrogent » ou avec lesquels vous vous sentez le plus à l'aise. La gestion du temps y est représentée comme un volet de l'organisation de l'entreprise, comme un processus psychologique personnel ou comme un profil comportemental.

⏭ S'adapter aux enjeux

Pour maintenir une dynamique de compétitivité, les pistes de progrès, déjà largement engagées actuellement dans de nombreuses structures, sont :

Ce qu'il faut savoir sur la gestion du temps

Gérer son temps, c'est :

S'adapter aux enjeux

- Mondialisation (comprendre les enjeux)
- Développement de l'informatique et de l'électronique
- Nécessité d'innovation (créativité)
- Évolution permanente des missions et des définitions de fonction

S'adapter aux autres

- Savoir dire non
- Savoir préserver l'esprit d'équipe
- Optimiser le temps partagé
- Négocier son temps

S'adapter à soi

- Ses rythmes
- Ses besoins et sa raison d'être
- Ce qui donne du sens à son action
- Ses envies et ses motivations
- Ses travers (les 4 failles)
- Son style (plus ou moins organisé, plus ou moins informel)

S'adapter aux moyens et supports disponibles

- Agendas
- Organiseurs papier
- Organiseurs électroniques
- Assistants numériques
- Logiciels de gestion du temps : pour gérer le court terme (plan de la journée), moyen terme (de la journée à 15-20 jours), long terme (au-delà de 3 semaines-1 mois)
- Téléphone, télécopie
- Messagerie, réseaux…
- Intranet, Internet

- développer une plus grande autonomie pour chacun ;
- favoriser une plus grande créativité ;
- réduire la distance hiérarchique ;
- promouvoir l'esprit entrepreneur ;
- susciter le développement des connaissances ;
- partager les données pour mieux coopérer à la recherche de solutions innovantes ;
- accentuer l'élimination ou l'automatisation de tâches répétitives ;
- amplifier le déploiement informatique et les technologies de communication ;
- libérer les initiatives et le sens des responsabilités.

Sur cette base, l'équation sur le temps se ramène pour chacun d'entre nous à la question suivante : comment développer ces capacités et faire face aux obligations qui en découlent sans aliéner une trop grande part de liberté ?

S'adapter aux autres

Comment gérer son temps en s'adaptant aux autres, à leurs désirs, à la pression de leurs demandes ? Plus notre monde est en « réseau », plus les interdépendances entre les individus sont nombreuses et pressantes. C'est l'un des reproches majeurs des gestionnaires de leur temps : le manque de temps, c'est la faute des autres, autrement dit les interruptions, les discussions informelles, le partage des données.

S'adapter à soi

S'adapter à soi, c'est le nerf de la guerre. Gérer son temps est l'un des meilleurs remèdes contre le stress. Mais ce qui peut tuer dans l'œuf les bonnes intentions en matière de gestion du temps, c'est l'oubli de soi, le refoulement des envies, l'effacement de la fantaisie, bref la contrainte permanente !

Au contraire, trouvez-vous des plaisirs, octroyez-vous des récompenses, laissez venir les bons moments. Plutôt que de les nier, prenez en compte vos insatisfactions. À bien les analyser, vous vous rendrez compte qu'elles résultent en grande partie de votre inefficacité. Alors, êtes-vous prêt à changer ? Dans ce cas, essayez de déterminer quels sont vos travers, vos failles en vous reportant au chapitre 2 « Sortir du cercle vicieux du manque de temps », page 27.

S'adapter aux nouvelles technologies

Si la gestion du temps est d'abord un « état d'esprit », elle ne peut s'envisager sans une exploitation optimale des technologies qui nous environnent. Le problème aujourd'hui est de faire son choix parmi les multiples possibilités qui nous sont offertes. Depuis le Post-It jusqu'aux logiciels partagés de gestion du temps, la gamme des supports est vaste, sans limites, et nous plonge dans l'embarras. La vraie difficulté est d'opter pour le moyen qui nous évite les allers-retours dus aux essais et aux erreurs.

Section 4

Décryptez vos dernières résistances

Cette section se propose de répondre aux questions que vous pourriez encore vous poser avant d'entreprendre votre révolution du temps.

1 La gestion du temps est-elle utile pour votre vie privée ?

Les principes de gestion du temps sont autant de ressorts pour une vie privée enrichie que pour une activité professionnelle mieux régulée. Sachez toutefois qu'une application trop rigide de ces principes dans la sphère personnelle pourrait pervertir par une vision trop économique votre rythme naturel de vie. Pour minimiser ce risque, de nombreuses personnes établissent une frontière imperméable entre les deux sphères et signent implicitement le divorce des buts. Dans la vie privée, les deux composantes « organisation » et « mesure du temps » étant moins exigeantes, les techniques de gestion du temps n'y seraient pas les bienvenues. Mais cette méfiance excessive exclut la réflexion sur les « buts », pourtant incontournable lorsqu'il s'agit de

Pour aller plus loin

Combien de temps passe-t-on à travailler ?

Quelques chiffres sur le « temps disponible » !

Le temps de travail ne représente plus que 11 % du temps de vie. Sur une expérience de temps de vie de 71 ans, la moyenne est de :

→ 24 ans de sommeil (calcul sur 24 heures)	34 %
→ 20 ans de loisirs et vacances (et retraite)	28 %
→ 8 ans de formation	11 %
→ 8 ans de travail	11 %
→ 6 ans de transport	9 %
→ 3 ans de toilette	4 %
→ 2 ans de soins	3 %

donner un sens à sa vie. Il serait dommage, alors que chaque jour qui passe ne reviendra pas, de ne pas en utiliser les principes pour plus de lucidité sur notre existence.

❷ Vos envies sont-elles de bons indices pour se recentrer ?

L'envie, le désir indiquent un chemin, comme autant d'indices d'un jeu de piste. De même que l'émotion est, dans le registre de vos réactions, un guide sûr de votre psychologie, **l'envie est un ancrage solide de vos forces internes** souvent mal démêlées. Émotions et envies sont les matériaux psychologiques privilégiés pour élucider vos difficultés relationnelles, affectives et « existentielles ». Au cœur du travail d'introspection, elles concrétisent plus sûrement vos orientations authentiques, souvent en partie inconscientes, que les raisonnements volontaristes ne sauraient le faire. Car à trop « vouloir », on peut assécher les signes de notre sensibilité et faire taire les vrais mobiles qui ont produit l'action. A contrario, accepter toutes les envies comme « guide intérieur inconditionnel », c'est risquer de prendre pour argent comptant des forces parfois irrationnelles, fruit de vos contradictions mal cernées.

❸ Prévoir l'avenir ou jouir du présent ?

Dans les pays industrialisés, l'heure n'est plus perçue comme unité de vécu mais comme unité de ressource sur laquelle on peut spéculer. En investissant beaucoup de temps aujourd'hui, on peut s'acheter beaucoup de bonheur pour demain. Mais attention, car l'excessive projection dans l'avenir peut nous faire perdre notre bon sens. Gardons-nous d'évacuer dans un futur hypothétique les plaisirs indispensables pour bien vivre son quotidien. N'oublions pas qu'il n'y a pas d'autres émotions vraies que celles tirées du moment. Il ne faudrait pas que notre habileté à penser le temps futur dénature notre faculté à jouir du présent.

Et vous, où en êtes-vous ?

Vos croyances

Ce test a pour but de vous aider à prendre conscience de vos idées préconçues en matière de gestion du temps et donc de faire apparaître vos blocages. Cochez la colonne Vrai si vous êtes d'accord, Faux dans le cas contraire.

Questions		Vrai	Faux
1	Nous risquons de passer plus de temps à gérer des supports de gestion du temps qu'à agir.		X
2	Gérer son temps n'est pas nécessaire pour être efficace.		X
3	La gestion du temps développe une « rigidité comportementale ».	X	
4	Un agenda suffit pour gérer son temps.		X
5	L'efficacité est affaire de subjectivité et doit rester personnelle.		X
6	La gestion du temps est inutile si tout le monde n'est pas formé.	X	
7	La gestion du temps enlève de la fantaisie et de la liberté.	X	
8	Les gens qui gèrent leur temps deviennent prisonniers des autres.		X
9	La mémoire suffit pour gérer son temps.		X
10	La gestion du temps, ce sont surtout de bonnes intentions qui s'atténuent avec le temps.	X	

Pour connaître le résultat de votre auto-évaluation, reportez-vous à la page 117.

L'essentiel

APPRENDRE À GÉRER SON TEMPS PASSE D'ABORD PAR UNE PRISE DE CONSCIENCE.

1 PRENEZ DU RECUL

Déterminez quel est votre style de gestion du temps pour savoir si vous avez besoin de reconsidérer vos habitudes.

2 DÉBUSQUEZ VOS TRAVERS

Identifiez les sentiments négatifs qui vous animent au travail. Imprégnez-vous des principes qui vous aideront à retrouver une meilleure cohérence.

3 ÉVALUEZ LES ENJEUX DE LA GESTION DU TEMPS

Découvrez ce que gérer son temps veut dire aujourd'hui. Apprenez à être en phase avec vous-même, les autres, la technique et l'économie.

4 DÉCIDEZ DE VAINCRE VOS RÉSISTANCES

Clarifiez vos besoins en matière de gestion du temps et décidez de modifier vos habitudes.

❑ ***Notes personnelles***

U1
1, 2, 3, 4, 5

Chapitre 2

Sortir du cercle vicieux du manque de temps

Objectifs du chapitre

✗ Identifier les quatre pièges face au manque de temps.

✗ Proposer des remèdes et corriger ses illusions sur le temps.

✗ Adopter des outils de base, papier ou numériques : plan de journée, tableau de quinzaine, fiche mémoire.

Section 1

Premier piège : « Je me précipite dans l'action »

Cette première faille de la gestion du temps résulte d'une illusion sur votre propre capacité d'action. Optimisme excessif ou surestimation de votre puissance de travail ? C'est probablement le souci d'efficacité qui inspire une conduite réflexe d'abattage, avec pour conséquences la confusion entre l'essentiel et le superflu, l'aliénation aux imprévus et la difficulté de prendre du recul. Votre courage ne manque pas, mais ajoutez-y un soupçon de stratégie en apprenant à « penser priorité ».

❶ Notez ! Notez ! Notez !

Votre première mission va consister à **établir la liste des tâches de la journée.** En effet, les personnes qui misent sur leur mémoire croient qu'il suffit que l'idée traverse l'esprit pour s'y fixer. Pour se souvenir d'une information ou d'une tâche, à long terme, il faut qu'il y ait répétition, rabâchage – sauf dans le cas d'un événement émotionnel marquant créant une charge affective forte. Au quotidien, lorsqu'on ne note pas, on encombre sa tête d'un « parasitage » permanent. Cette rumination fatigue sans garantie de succès. Le réflexe de tout noter est cité parmi les gains les plus immédiats des techniques de gestion du temps parce qu'il favorise la tranquillité d'esprit.

❷ Catégorisez vos tâches selon les critères d'urgence et d'importance

Une fois la liste de vos tâches établie, appliquez-leur **la grille des deux critères croisés d'urgence et d'importance** explicitée ci-dessous.

Prêtée au général Eisenhower pour sérier les problèmes lors de la préparation du débarquement de Normandie, elle reste à ce jour une méthode imparable pour établir des priorités.

Pour que les notions d'urgence et d'importance deviennent opératoires, elles doivent rester **un filtre permanent de votre activité.**

Quatre types de tâches vous sollicitent sur votre lieu de travail :

UI	Les tâches urgentes et importantes
uI	Les tâches peu urgentes et importantes
Ui	Les tâches urgentes et peu importantes
ui	Les tâches ni urgentes, ni importantes

Pour bien peser chaque tâche, il convient d'associer systématiquement les deux notions. Elles se complètent car elles ne portent pas sur le même aspect.

Pour aller plus loin

Priorité, importance, urgence : définitions

→ Priorité : notion d'ordonnancement

- Définit ce qui passe avant, comme dans le code de la route !
  La priorité précise un ordre de passage ou de réalisation dans le travail.
- Suppose un choix. La priorité appelle un arrangement, une négociation ou, au minimum, une explication lorsqu'elle est imposée.
- Résultante de la combinaison des deux critères UI.

→ Importance : notion de valeur ajoutée

- Est important ce qui prête à conséquence en cas de non-réalisation, par vous ou quelqu'un d'autre.
- Est définie par la « politique » de l'entreprise. Les grandes orientations (adaptation au marché), les valeurs (confidentialité), les projets généraux (certification) ne sont pas précisément stipulés dans les définitions de fonction mais font partie des objectifs pour lesquels votre contribution est jugée.
- Est rattachée à votre définition de fonction. Ce pour quoi vous êtes payé.

→ Urgence : notion de temps

- Intègre la notion de mesure du temps en fonction d'une date butoir. Elle fluctue en permanence, d'où sa subjectivité.
- Renvoie à l'idée de danger, ce qui entretient vraisemblablement la confusion entre ces deux critères, pourtant distincts : Urgence et Importance.
- Est conditionnée par la charge de travail et la disponibilité des ressources humaines et matérielles.

Conseil pratique

Catégorisation des tâches : exemples

→ UI : sauvegarder vos données informatiques, faire installer le logiciel anti-virus sur votre ordinateur, sortir votre véhicule du parking souterrain avant 21 heures car celui-ci ferme pour la nuit, préparer votre passeport avant de prendre l'avion demain pour l'étranger.

→ uI : finaliser un dossier important d'appel d'offres avant la date limite de remise à échéance d'un mois.

→ Ui : demander à la caisse centrale d'un hypermarché une facture d'achat de quelques euros pour remboursement par l'entreprise, intervertir les pages 116 et 117 d'un dossier spiralé de documents annexes, à remettre dans un quart d'heure.

→ ui : commander des trombones de couleur, dépoussiérer le dessus de l'imprimante…

Les exemples précédents démontrent qu'une priorité n'est pas forcément UI. Vous pouvez très bien considérer comme prioritaire une tâche uI ou même ui et en assumer la réalisation parce que c'est votre choix.
Les moments de plaisir font aussi partie de vos priorités puisqu'ils ont un sens.

⏭ Urgence, mode d'emploi

Annoncez « systématiquement » une date butoir pour les tâches urgentes et importantes. C'est votre crédibilité qui en dépend. Mais restez réaliste et modéré ! Comment peut-on ordonner avec aplomb une action rapide lorsqu'on n'en connaît pas l'échéance utile ? C'est votre souplesse sur les délais discutables qui donnera du poids à votre exigence pour les délais incontournables. Par ailleurs, ne précisez rien si l'urgence ne s'impose pas.

Dans les logiciels Outlook et Lotus Notes, l'urgence se définit très judicieusement en fonction de l'échéance affichée. Vous pouvez bien sûr déclencher des alarmes, informer le pourcentage d'avancement de la tâche et trier selon les dates et les échéances.

⏭ Restez vigilant sur l'important

« Que se passerait-il si une tâche ne se faisait pas ? » Posez-vous systématiquement cette question et vous n'aurez aucun mal à discerner l'important du non-important.

Sachez dire : « Ce n'est pas grave ! » lorsque les erreurs n'ont pas de conséquences graves. Vous remarquerez que, fréquemment, vous avez tendance à croire que vous ne pouvez pas vous permettre…, ou qu'il est hors de question que… ! C'est un système de valeurs qui vous honore et pourtant vous sacrifie. Il prouve que votre bien-être a moins d'importance que l'image que vous renvoyez aux autres.

De nombreuses personnes se demandent si le perfectionnisme est une qualité ou un défaut. Si vous êtes perfectionniste sur l'important, c'est une qualité (il n'existe pas de réel professionnalisme sans une solide exigence qualitative). Si vous êtes perfectionniste sur le non-important, c'est un défaut (le temps a été consommé au détriment du reste). N'oubliez pas : « **Rigueur sur l'essentiel, souplesse, voire fantaisie, sur tout le reste !** »

❸ Troisième remède : numérotez systématiquement les priorités

Que vous utilisiez un support informatique ou papier, prenez l'habitude de numéroter l'ordre souhaité de réalisation des tâches : 1°, 2°, 3°, 4°, 5° (les 5 premières suffisent pour se lancer dans l'action). Dans tous les cas, vous y gagnerez quelque chose.

Si vous respectez l'ordre fixé, vous éviterez la dispersion ; dans le cas contraire, vous serez amené à vous demander pourquoi vous avez dévié de ce qui était prévu. Votre propre audit est la meilleure des opportunités de progrès !

Dans les logiciels Outlook et Lotus, la priorité est définie comme étant haute, normale ou basse. En opérant un tri croissant ou décroissant sur la colonne concernée, vous faites apparaître les tâches selon les priorités et selon les affichages : tâches en retard, pour la journée, pour les sept prochains jours, par nature de tâches, par personne responsable, etc.

Et vous, où en êtes-vous ?

Test d'efficacité

Faites ce test d'efficacité en vous chronométrant.

1	Vous avez deux minutes pour répondre aux questions de ce test.
2	Lisez tout avant de commencer.
3	Mettez votre nom dans le coin droit, en haut de la feuille.
4	Faites l'opération 6 x 17 = ...
5	Signez de votre nom, dans le coin gauche, en bas de la feuille.
6	Faites trois croix en haut à gauche.
7	Entourez ces trois croix d'un seul cercle.
8	Multipliez 7 x 13 = ...
9	Entourez ce résultat d'un cercle.
10	Rayez le mot « droit » de l'inscription 3.
11	Soulignez le mot « gauche » de l'inscription 5.
12	Arrivé là, dites votre nom à haute voix.
13	Entourez votre signature d'un cercle.
14	En bas à droite, faites aussi un cercle.
15	Arrivé là, dites : « Je respecte les instructions. »
16	Entourez votre nom d'un rectangle.
17	Énoncez à haute voix : « J'en suis à l'inscription 17. »
18	En bas à droite, faites un triangle dans le cercle.
19	Entourez le chiffre 9 de l'inscription n° 9.
20	Divisez 36 par 12 = ...
21	Annoncez : « C'est moi qui respecte le mieux les instructions. »
22	Ne suivez que les instructions 2, 3, 22 et 23.
23	Dès que vous avez terminé, retournez la feuille et notez au dos le temps que vous avez mis.

Pour connaître le résultat de votre auto-évaluation, reportez-vous à la page 117.

Section 2

Deuxième piège : « Je sous-évalue la durée des tâches »

De manière générale, nous sous-évaluons de moitié la durée d'une tâche. Ce travers est si répandu qu'il explique à lui seul comment nous devenons notre propre bourreau (surmenage, manque de lucidité sur la charge de travail, non-crédibilité sur les délais). Curieusement, nous avons tendance à sous-évaluer la durée d'une tâche lorsqu'elle est longue et à la surévaluer quand elle est très courte. Cette section vous aidera à mieux évaluer les délais.

1 Notez systématiquement la durée des tâches

Nous sommes en retard car nous minimisons le temps à allouer à un travail. L'œil qui traite la liste des « besognes » n'a pas le sens des volumes : il s'illusionne sur l'espace à libérer.

Imposez-vous donc de noter immédiatement la durée de la tâche impartie. Le renouvellement de ce seul petit comportement de « gestionnaire » vous formera malgré vous à une saine lucidité sur vos capacités d'agir et à mieux investir le temps pour le plaisir qu'il vous donne.

N'hésitez pas à ajouter dans vos programmes de travail en réseau une colonne « durée » car elle n'apparaît pas par défaut. Un tri sur cette colonne et par journée fait apparaître les tâches les plus lourdes. Notez « 015 » pour les quarts d'heure, « 030 » pour les demi-heures et des chiffres entiers pour les heures.

❷ Appliquez un coefficient correcteur

Une action un peu complexe, un projet mal défini, une tâche méconnue et vous voilà interrogateur neuf fois sur dix. Prenez les devants : multipliez par deux la durée que vous alliez noter. Le constat d'une sous-estimation de moitié se confirme au moindre contrôle. En doublant, vous vous rendrez compte que vous n'êtes pas très loin de la vérité.

Témoignage

Le DRH d'une grande entreprise racontait que le seul fait de mettre en place le « badgeage » pour les cadres, bien que discutable, déclencha chez eux une prise de conscience du temps passé dans l'entreprise les ayant amenés, sans perte de performance, à gagner quelque trois heures en moyenne par semaine.

❸ Surveillez le cadran

Pas de miracle : ayez l'œil sur la montre ! Regardez fréquemment l'heure pendant le déroulement de votre travail, puis comparez avec ce que vous croyiez. Il n'y a guère d'autres moyens pour devenir meilleur appréciateur de la durée des tâches.

❹ Établissez votre journal d'activité

Dans le même esprit, il est utile, une fois par semestre, de lister toutes vos occupations durant quelques heures, assorties du temps passé, depuis l'ouverture de votre PC à la gestion de vos mails, etc. Cet exercice, laborieux au-delà de trois heures d'affilée, suffit pour obtenir un diagnostic suffisamment précis.

Analysez ensuite votre journal d'activité. Le morcellement des tâches est souvent flagrant et la multitude de tâches « non productives » édifiante. Certaines sont pourtant nécessaires : circulation de l'information, lecture, résolution d'un problème, recherche d'un document, réponse à une personne, consultation de tarifs, choix d'un horaire de transport, etc.

Cet exercice vous permettra de mesurer votre proportion de temps « utile », souvent beaucoup plus faible que vous ne l'imaginez, et de devenir plus réaliste dans la gestion de vos tâches. Ce travail peut aussi vous permettre de dénoncer auprès de votre manager les tâches trop répétitives ou sans aucune valeur ajoutée afin de libérer du temps.

Section 3

Troisième piège : « Je dérive et reporte sans arrêt »

Face à une accumulation de retards, vous avez l'habitude de renvoyer de nombreuses tâches au lendemain. Cette attitude mentale, nommée « procrastination », vous donne l'illusion de gérer votre emploi du temps, alors qu'elle ne fait qu'ajouter à votre stress. Cette section vous donne des pistes pour sortir de ce cercle vicieux.

1 Établissez votre plan de journée

Sans dogmatisme excessif, **établissez une fiche listant les tâches à effectuer dans la journée.** En y appliquant les critères de gestion du temps, ce plan de journée vous permettra de libérer votre pensée, visualiser votre temps et porter un diagnostic correctif sur vos pratiques. Ces conseils sont aussi valables pour une gestion informatique de votre temps.

Afin de vous former en douceur aux principes de base de la gestion du temps, le plan de journée qui suit vous invite à classer toutes les tâches en fonction des quatre catégories fondamentales évoquées dans la section 1 : UI, uI, Ui, ui.

✓ ***1. Organisez chaque journée le matin ou la veille.*** Ces dix minutes de préparation seront rapidement amorties par la diminution de la dispersion.

✓ ***2. Planifiez votre journée sur une fiche journalière.*** Cette fiche volante s'intègre dans votre agenda. Jetez-la lorsque vous remplissez la suivante ou archivez-la. Les logiciels de gestion du temps permettent de configurer vos supports de manière attractive.

✔ ***3. Reportez vos temps bloqués sur l'échelle de temps de votre agenda :***

- vos rendez-vous (déjà inscrits dans votre agenda) en dessinant un rectangle intégrant les temps de déplacement. Fixez des temps passerelles entre deux rendez-vous : 10, 20, 30 minutes pour tenir compte des imprévus et du besoin de décompression ;
- votre heure d'arrivée le matin, si celle-ci n'est pas fixe, en traçant un trait horizontal ;
- l'heure à laquelle vous aimeriez quitter le travail : pour quitter absolument à 18 heures, faites une marque à 17 h 30 ;
- votre plage de temps pour le repas en traçant deux traits horizontaux.

✔ ***4. Notez sur la fiche toutes les tâches qui vous traversent l'esprit et catégorisez-les immédiatement UI/uI/Ui/ui.*** Ce faisant, vous éduquez votre esprit à la gestion de l'important, vous videz votre mémoire et ordonnancez presque intuitivement votre plan d'action.

✔ ***5. Comptabilisez grossièrement les durées par catégorie.*** Vous prenez ainsi conscience du budget temps nécessaire : l'ordre de grandeur suffit généralement pour agir efficacement.

✔ ***6. Définissez un ordre de priorité.*** Dans la colonne Priorités, notez 1°, 2°, 3°… pour les 5 premières tâches devant passer avant les autres.

✔ ***7. Consultez votre fiche en permanence pour rayer les tâches accomplies.*** C'est votre feuille de route, elle vous suit partout. Sa place privilégiée est l'agenda.

✔ ***8. Consacrez votre temps aux tâches les plus urgentes et importantes.*** Ce sont celles qui, bâclées ou en retard, risquent de générer les problèmes de demain.

✔ ***9. Appliquez un coefficient de temps maîtrisé.*** Ce coefficient tient compte de la proportion de temps qui, d'expérience, vous reste après avoir enlevé les imprévus. Exemple : 70 % de temps maîtrisé (soit 30 % d'imprévus). Appliqué à la journée, cet « abattement » fait prendre conscience du peu de temps que l'on a pour réaliser les choses essentielles.

✔ ***10. Tenez compte de votre rythme de travail.*** Décalez vos horaires chaque fois que possible si, par exemple, vous êtes moins productif l'après-midi que le matin.

Plan de journée du...........

Priorités		FAIRE	Durée	Autres
UI	☐	Vérif dossier	20 "	1 h
	☐	Tél interlocuteur	30 "	
	☐	Confirm RV	15 "	
	☐			
	☐			
	☐			
	☐			
	☐			
uI	☐	Renouvellt abonnement	5 "	6 h 30
	☐	Gros dossier	4 h	
	☐	Photocop brochure	10 "	
	☐	Piles	15 "	
	☐	Compte rendu	2 h	
	☐			
Ui	☐	Tél ...	5 "	30 "
	☐	Réservation TGV	20 "	
	☐			
	☐			
ui	☐	Lire magazine	1 h	1 h
	☐	Correcteur	5 "	
	☐			
	☐			
		Total durée	9 h	

Conseil pratique

10 conseils pour bien exploiter l'agenda papier

L'agenda est le support prioritaire de votre gestion du temps. Qu'il soit de poche ou de grand format, il incite à se projeter dans l'avenir à court, moyen et long terme. Attention : plan de journée et agenda doivent rester des supports distincts, l'un servant à lister vos tâches de la journée, l'autre à y noter vos temps bloqués. Pour l'agenda électronique, reportez-vous au chapitre 4 (p. 63).

1. Gardez l'agenda en permanence avec vous. Consultez-le régulièrement pour garder à l'esprit votre temps partagé (rendez-vous, réunions, entretiens). Rangez-le toujours au même endroit.

2. Gérez votre temps avec un seul moyen centralisé. Utilisez un agenda papier ou un agenda électronique (PDA ou logiciel de temps partagé) et non les deux. De même, n'ayez qu'un seul répertoire téléphonique.

3. Notez uniquement vos rendez-vous. En évitant les annotations superflues, vous ferez ressortir les créneaux occupés.

4. Notez les informations pratiques relatives à vos rendez-vous : heure, nom de l'interlocuteur, nom de l'entreprise, adresse, numéro de téléphone pour pallier tout oubli de dossier.

5. Notez le début et la fin de chaque rendez-vous. Visualisez la plage de temps occupée en traçant au crayon un rectangle entre l'heure de début et de fin. Intégrez-y le temps de déplacement.

6. Écrivez au crayon à papier. Votre emploi du temps pouvant être modifié, il vaut mieux gommer que barrer.

7. Notez les tâches quotidiennes à accomplir dans vos fiches journalières et pas sur votre agenda. L'agenda reste net alors que les fiches journalières peuvent être écrites avec moins de soin. Jetez la fiche en fin de journée, sauf si elle peut servir à un bilan d'activité.

8. Réservez-vous des « temps personnels ». Préservez des demi-journées ou des journées sans rendez-vous pour avancer certains travaux. Visualisez-les comme des plages de réunion.

9. Ménagez des marges confortables entre les différentes occupations pour prévenir les dérapages et les imprévus.

10. Sauvegardez les informations en cas de perte : photocopiez !

❸ Pensez au « Carré des priorités »

Le Carré des priorités vous aidera non seulement à classer vos tâches par priorité, mais à déterminer la façon dont vous allez les traiter : en les réalisant vous-même, en vous faisant aider, en déléguant, en différant, etc.

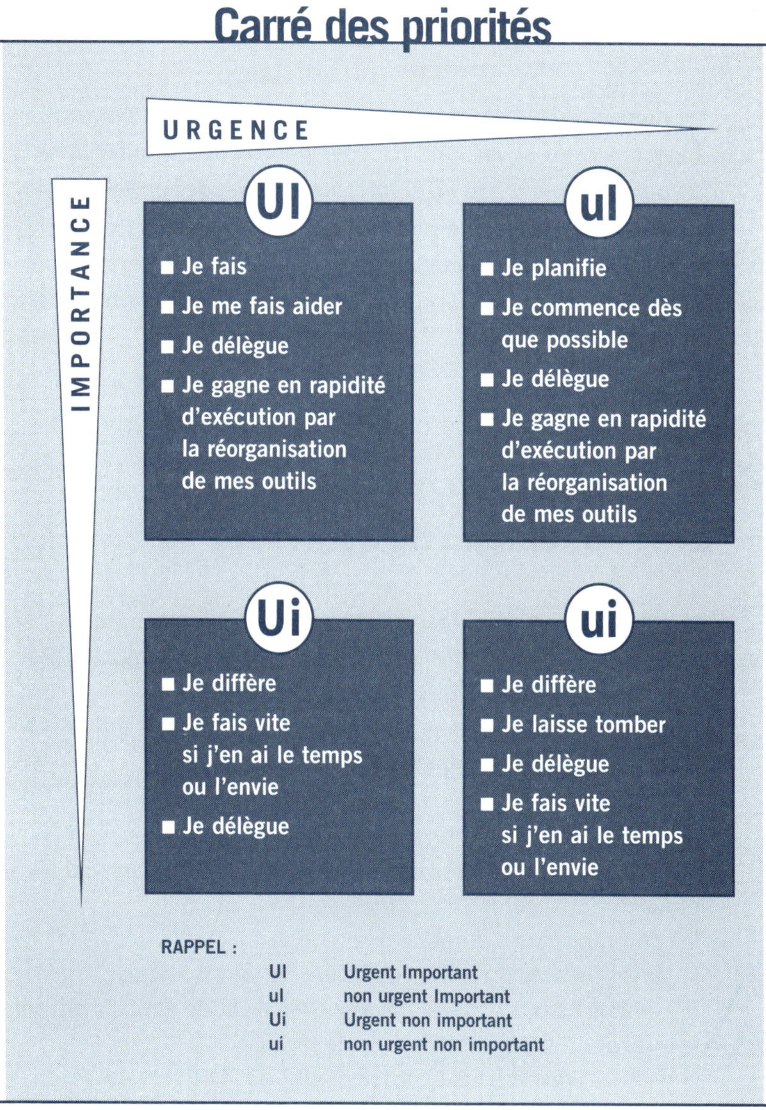

Section 4

Quatrième piège : « Je n'anticipe pas à moyen et long termes »

Si, aux précédentes failles, s'ajoute le manque d'anticipation, le cercle vicieux se referme sur vous pour vous entraîner dans une course au temps très inconfortable. L'intérêt de l'anticipation s'affiche donc comme une évidence : lister la charge de travail et prévenir les problèmes avant qu'ils ne « perturbent » votre gestion du temps. Cette section vous aidera à vous construire une vie allégée en stress.

❶ Gérez le moyen terme (MT) avec un tableau de quinzaine

Papier ou électronique, le tableau de quinzaine doit comporter l'ensemble des repères nécessaires à une bonne gestion du temps, à savoir : le calendrier avec les dates des prochains quinze jours ;

- ✔ le temps de travail sur lequel compter ;
- ✔ les 4 catégories de tâches UI ;
- ✔ la date butoir ;
- ✔ les durées ;
- ✔ les catégories de tâches : téléphone, administratif, divers ou technique ;
- ✔ la comptabilité des durées par catégorie ;
- ✔ le temps total de travail, le coefficient de temps maîtrisé, le temps disponible (temps total de travail x coefficient de temps maîtrisé) ;
- ✔ le total des durées par catégorie de tâches ;
- ✔ le temps nécessaire (voir conseil pratique p. 42).

❷ Améliorez votre gestion du long terme (LT)

On ne le redira jamais assez : **gérer son temps, c'est « visualiser son temps ».** Il faut vous doter de supports qui vous permettent de « voir loin ». En cela, les petits agendas comme les organiseurs de poche sont peu confortables visuellement. Préférez-leur un planning en double page ou les affichages semestriels et annuels des logiciels Outlook (Microsoft), Lotus Notes (IBM) ou similaires (Eudora…).

Sur cette fiche mémoire LT, positionnez (même arbitrairement) vos gros projets et vos engagements à venir en leur allouant des demi-journées ou des journées entières de travail.

❸ Apprenez à classer

Voici quelques conseils pour retrouver tout document en moins de cinq minutes :

✔ ***1. Votre classement doit obéir aux trois principes suivants :***

- une place pour chaque document et chaque document à sa place ;
- un classement ne doit rien à la mémoire mais tout à la logique ;
- un document mal classé est considéré comme un document perdu.

✔ ***2. Dotez-vous d'un classement formalisé.*** Il doit avoir les trois qualités suivantes :

- une terminologie précise pour une manipulation infaillible ;
- une classification évolutive avec des rubriques auxquelles on pourra ajouter des sous-rubriques ;
- une exploitation économique.

✔ ***3. Calquez votre classement sur celui d'un collègue organisé.*** Vous ne savez pas comment organiser votre classement ? Demandez conseil : toute personne ordonnée s'est déjà posé la question.

✔ ***4. Notez sur les documents la date de leur élimination possible :***

- jetez tout papier porteur d'une date dépassée ;
- inscrivez sur vos dossiers de travail (mais aussi sur les fichiers informatiques) leur date d'élimination possible ;
- classez-les provisoirement dans une très grande corbeille.

✔ ***5. Classez au fur et à mesure.*** C'est le seul moyen efficace pour ne plus entasser.

✔ ***6. Ne laissez pas les corbeilles pleines.*** Attention, les corbeilles donnent l'illusion du classement :

– n'y rangez que les documents sur lesquels vous travaillez ;
– n'oubliez pas de les jeter ou de les classer une fois le travail terminé.

✔ ***7. Supprimez les classements sauvages pour tout document important.*** Chemises « fourre-tout », tiroirs « papivores » ne doivent pas devenir des greniers pour les dossiers importants.

✔ ***8. Ne manipulez pas un document plus de trois fois.*** Imposez-vous de prendre une décision : le classer, le jeter ou le transmettre.

✔ ***9. Créez de grosses catégories.*** Vous préférez passer cinq minutes à « fouiller » un gros classeur et être sûr d'y trouver le document plutôt que de le « pourchasser » dans de multiples petits dossiers, sans savoir dans lequel il est rangé.

✔ ***10. Éliminez de votre bureau ce qui ne concerne pas la tâche et laissez-le propre systématiquement tous les soirs.*** Partez en laissant votre bureau dégagé pour garder l'esprit tranquille. Considérez cette discipline comme incontournable.

Conseil pratique

Comment bâtir son tableau de quinzaine ?

➜ Sur votre agenda, évaluez le temps de travail par jour durant ces deux semaines : environ 7 heures. Si vous êtes absent une journée, barrez-la. Si vous avez deux rendez-vous dans la matinée, rayez la moitié de la journée. Puis calculez « en gros » le nombre d'heures de votre semaine (par exemple : 40 heures). Multipliez-le par votre coefficient de temps maîtrisé, lequel est à peu près fixe.

➜ Alimentez votre tableau de quinzaine à partir des tâches qui arrivent au fur et à mesure.

➜ Classez chaque tâche dans une catégorie puis notez systématiquement leur durée.

➜ Ne notez que les quelques dates butoirs arrivant avant la fin de la quinzaine, sinon ne les notez pas.

➜ Calculez les grandes masses de temps et anticipez les risques de dérapage et de non-respect des dates butoirs.

Et vous, où en êtes-vous ?

Simulation court terme

À partir de la liste de tâches suivantes et muni d'une photocopie de plan de journée, réfléchissez à un plan de journée plausible à partir de votre propre interprétation de l'importance des tâches et de l'organisation appropriée. Ne pas tout faire ? Déléguer ? Reporter ? À vous de voir !

- Vérifier les pièces d'un dossier et l'envoyer en recommandé.
- Répondre par mail au service secrétariat si oui ou non on renouvelle l'abonnement à une revue.
- Informer d'un retard de quinze minutes à la réunion de l'après-midi.
- Projection vidéo nouveau film de présentation de la Société dans le hall à 15 heures (durée 20 minutes).
- Coup de fil à deux interlocuteurs extérieurs pour donner des renseignements importants.
- Pot de départ d'un collègue d'un autre département à 17 heures.
- Changer réservation TGV de demain pour gagner une demi-heure.
- Confirmer un rendez-vous.
- Lire dernier numéro d'un magazine professionnel.
- Travailler sur un gros dossier pour propositions de solutions et rédaction des préconisations en trois pages à remettre dans cinq jours.
- Aller chercher un flacon de correcteur dans les fournitures.
- Photocopier une brochure de dix pages pour un collègue.
- Réunion de Service à 10 heures (durée 1 heure).
- Acheter piles pour calculatrice.
- Ranger bureau.
- Rédiger lettre de 3 pages de compte rendu de visite.
- Corriger dossier de 30 pages (orthographe + tournure des phrases).

Pour connaître le résultat de votre auto-évaluation, reportez-vous à la page 117.

L'essentiel

POUR GAGNER EN TRANQUILLITÉ D'ESPRIT, APPRENEZ À ANTICIPER VOS TÂCHES À COURT, MOYEN ET LONG TERMES.

1 AYEZ UNE VISION CLAIRE DU DÉROULEMENT DE VOTRE JOURNÉE

Chaque matin, réfléchissez à l'enchaînement de vos tâches. Dressez-en une liste et classez-les selon les critères d'urgence, d'importance et de priorité.

2 RETROUVEZ VOTRE CAPACITÉ D'AGIR

Apprenez à évaluer la durée « réelle » de vos tâches pour être en mesure d'établir votre budget-temps de la journée.

3 PASSEZ À UNE GESTION DYNAMIQUE DE VOS TÂCHES QUOTIDIENNES

Armé des principes de priorité, catégorie, durée, bâtissez votre plan de journée. Prenant appui sur ce guide, votre cerveau diagnostique, sélectionne, arbitre et ajuste les occupations en fonction des circonstances.

4 CLARIFIEZ LE FUTUR

Pour la maîtrise du moyen et du long termes, utilisez le tableau de quinzaine et le planning semestriel ou annuel de votre agenda papier ou informatique.

❑ ***Notes personnelles***

Chapitre 3

Supports, méthodes : créer ou améliorer votre système

Objectifs du chapitre

- ✗ Faire la part des choses en matière d'innovations technologiques.
- ✗ Agenda papier ou informatique : trouver le support qui vous convient le mieux.
- ✗ Développer de nouveaux réflexes pour téléphoner, lire et rédiger efficacement.
- ✗ Paramétrer micro, agenda électronique et boîte mail.

Section 1

Accordez sa juste place à la technologie

Vous venez d'acheter un assistant numérique dernier cri. Séduit par son design et ses fonctionnalités, vous êtes persuadé de tenir enfin la solution à votre problème de gestion du temps ! Jusqu'au moment où, en essayant de le domestiquer, vous vous rendez compte qu'il n'est qu'un élément du système (synchronisation avec l'ordinateur, le téléphone mobile, etc.), qu'il vous prend un temps fou et qu'il ne répond que partiellement à vos besoins... Que faut-il en penser ?

❶ Est-ce vraiment la panacée ?

Ne minimisons pas le rôle futur des TIC. Le potentiel d'Internet est remarquable, même s'il importe de tempérer certaines ardeurs pour parvenir à une vision juste de l'avenir.

À ceux qui considèrent les TIC comme étant le facteur d'évolution numéro 1 des métiers dans les dix prochaines années, Yves Lasfargue, président du groupe de travail de la mission Nouvelles technologies du Commissariat au Plan, apporte une réponse nuancée. Pour lui, ces évolutions ne sont pas liées exclusivement à l'utilisation des TIC, mais sont induites par l'ensemble du système d'innovations. Les TIC ne représentent qu'une partie de ce système, la partie la plus spectaculaire, certes, mais pas toujours la plus importante.

Sur la question de l'accroissement de la productivité résultant de l'utilisation des TIC, ce spécialiste remet également les pendules à l'heure : **les mêmes technologies n'induisent pas les mêmes résultats d'une entreprise à l'autre.** La productivité et la rentabilité dépendent de l'ensemble du système d'innovations et pas seulement des innovations technologiques.

Enfin, le mode d'emploi des TIC n'est pas toujours aussi simple qu'on le dit. Il faut parfois beaucoup de temps pour apprendre à les maîtriser, et l'apprentissage et le rodage sont de plus en plus chronophages.

2 Gare aux risques d'avalanches !

Imaginez que vous puissiez commander vocalement votre ordinateur, scanner et archiver les textes imprimés, faire communiquer entre eux tous les appareils numériques existants, travailler n'importe où et avec qui vous voulez…

Vous aurez certes gagné beaucoup de temps sur la composante Organisation, mais votre composante Sens de l'action bénéficiera-t-elle de cette avance ? Cela dépend bien sûr de votre façon de réguler l'ensemble de vos activités pour concrétiser vos ambitions.

D'autre part, concernant le critère de Mesure du temps, la crise risque de s'amplifier comme pour chacun d'entre nous : vous étiez débordé par le courrier, vous le serez encore plus par l'avalanche des e-mails et autres stimuli numériques. Vos interlocuteurs « clients internes » ne manqueront d'user de ces mêmes outils pour vous soumettre de façon quasi instantanée à de nouvelles urgences.

Pour aller plus loin

Irremplaçables rapports de proximité

Spécialiste des enjeux de la société numérique, Yves Lasfargue tempère l'enthousiasme des adorateurs d'Internet : non, Internet n'abolit pas l'espace, il augmente les possibilités de réaliser à distance un certain nombre d'opérations, comme l'a fait chaque nouvel outil de transmission de données (téléphone, telex et télécopie, minitel). Cela dit, plus on communique à distance, plus on constate les limites de ce type de relations et le caractère irremplaçable des rapports de proximité.

En fait, les TIC font réellement gagner du temps lorsqu'elles permettent de traiter l'information : réalisation de calculs, de recherches, travail à distance avec partage des données… Rester dans la course au temps, c'est donc se tenir informé de ce qui se fait sans pour autant s'aliéner aux technologies et, bien sûr, rester gestionnaire : combien me coûte un équipement et combien me rapporte-t-il en termes de productivité ?

Et vous, où en êtes-vous ?

Faites le point sur votre environnement professionnel

Le tableau ci-après, organisé en 5 points clés (qui, quoi, où, quand, comment), vous aidera à mieux cerner vos contraintes. Vous pourrez ensuite choisir un support de gestion du temps réellement adapté à vos besoins.

Notez chacune des propositions ci-dessous.

Cotation : notez « 1 » si vous avez des préférences pour les critères de la colonne A. Notez « 5 » si vous avez des préférences pour les critères de la colonne B. Ajoutez des flèches ⟶ ou ⟵, plus ou moins longues, à partir de chacune de vos croix pour marquer l'évolution à venir (voir l'exemple sur la première ligne du tableau).

Contraintes liées à votre environnement de travail							
Combien	**A**	**1**	**2**	**3**	**4**	**5**	**B**
Qui ?	- Faible nombre d'interlocuteurs internes et externes - Activité intra équipe	X ⟶				X	- Multiplicité des interlocuteurs internes et externes - Activité inter équipes
Quoi ?	- Travail peu complexe - Mono-activité - Faible renouvellement des compétences - L'expérience suffit - Faible volume d'informations (gérable)						- Travail complexe - Inter-activités, polyvalence - Renouvellement rapide des compétences - L'expérience est très insuffisante - Gros volume d'informations (difficilement gérable)
Où ?	- Travail sédentaire						- Travail itinérant, nomadisme, télétravail
Quand ?	- Durée temps de travail et créneaux fixes - Rythmes normaux - Équipe synchrone - Cycle lent de renouvellement des technologies métier et TIC						- Flexibilité durée temps de travail et des horaires - Réactivité et urgences - Équipe asynchrone - Cycle rapide de renouvellement des technologies métier et TIC
Comment ?	- Peu d'autonomie - Centration sur le temps de présence - Management en supersivion et « très présent » - Organisation conventionnelle hiérarchique - Dossiers physiques et gestion « papier »						- Forte autonomie - Centration sur les objectifs et les résultats - Management en « faire confiance » et « peu présent » - Organisation transversale et en mode projet - Dossiers électroniques et peu de papiers

Pour connaître le résultat de votre auto-évaluation, reportez-vous à la page 120.

Section 2

Selon quels principes choisir vos supports ?

Il est temps à présent de passer au crible votre système de gestion du temps. Prenez en compte vos contraintes métier et le type d'organisation de votre entreprise pour redéfinir vos besoins. Puis, à l'aide du tableau comparatif des supports de gestion du temps, choisissez de nouveaux supports ou améliorez ceux que vous utilisez déjà.

❶ Définissez vos besoins

Prenez le temps de faire le point avant de remettre en question votre système, même imparfait, de gestion du temps. Car les meilleurs moyens sont ceux qui restent cohérents avec votre mentalité, vos contraintes métier et l'organisation de votre entreprise.

⏭ Ayez en tête vos contraintes métier

Dans un premier temps, faites l'exercice précédent (Et vous, où en êtes-vous ? p. 48), il vous aidera à définir, en fonction des contraintes de votre métier, vos besoins en matière de support de gestion du temps. Mieux vous connaîtrez vos besoins, plus vous éviterez les déceptions, surtout lorsque les coûts ne sont pas anodins, comme dans le cas des organiseurs électroniques haut de gamme nécessitant un investissement en temps pour intégrer les adresses, s'approprier l'outil, l'adapter à sa configuration informatique.

Quel est le type d'organisation de votre entreprise ?

À l'aide du schéma ci-contre, essayez de déterminer dans quel secteur se classe votre entreprise ou votre activité :

- ✔ secteur 1 : organisation présentant une faible complexité liée à l'espace et au temps ;
- ✔ secteur 2 : organisation présentant une faible complexité liée à l'espace mais une forte complexité liée au temps ;
- ✔ secteur 3 : organisation présentant une forte complexité liée à l'espace et une faible complexité liée au temps ;
- ✔ secteur 4 : organisation présentant une très forte complexité liée à l'espace et au temps.

Plus la complexité de votre organisation est forte en termes d'espace (dispersion géographique des structures, mobilité des acteurs, etc.) et de temps (urgence des réponses et des décisions, promptitude de la coopération), plus il vous faudra avoir recours à des supports de gestion du temps électroniques et des logiciels collaboratifs.

Changez ou complétez votre système de gestion du temps

Vos moyens et supports actuels :

- ✔ vous permettent-ils de visualiser facilement votre CT, votre MT et votre LT ?
- ✔ font-ils apparaître clairement vos priorités et la charge de travail (durée des tâches) ?
- ✔ centralisent-ils les informations (un seul système !) ?
- ✔ vous suivent-ils partout (information disponible) ?
- ✔ sont-ils évolutifs (conciliables avec les TIC ?) ?

Si vos réponses sont pour la plupart favorables, ne changez pas de système mais complétez-le en vous aidant du tableau comparatif ci-après (page 52).

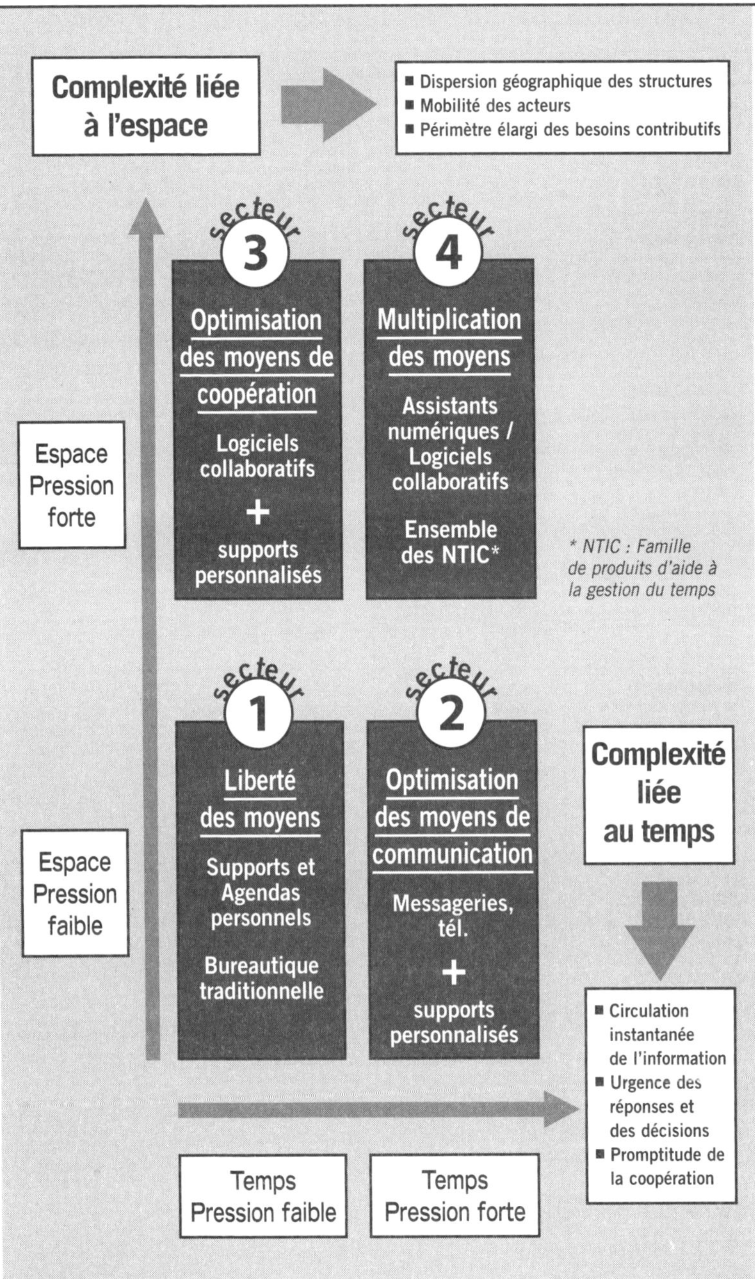

Nota : la tendance générale est à l'évolution rapide vers le secteur 4.

Tableau comparatif des supports de gestion du temps

Moyens	Avantages	Inconvénients et contraintes	Remarques
Cahier Éphéméride Listes volantes Tableau blanc Mémos et Post-it Parapheur 31 cases Calendriers Plannings muraux	- Utilisation souple et personnalisée - Aide-mémoire	- Inventaire informel des tâches - Pas de repères opératoires de gestion du temps - Ne sont pas interactifs	- Ne constituent pas en soi un « système » de gestion du temps - Convient plutôt à un travail sédentaire
Agenda papier de poche ou de bureau	- Exploitation aisée et classique - Bon support de temps partagé (prise de RV) - Facile à emporter	- Personnalisation difficile - Ne permet pas de transférer aisément les informations d'une année sur l'autre	- Insuffisant pour bien gérer son temps - Le format a son importance pour plus de confort
Organiseur papier classeur à anneaux Exemples de marques : Filofax / Oberthur / Exatime / Time system / Time manager…	- Utilisation très pratique du système classeur - Exploitation souple pour gérer son activité personnelle - Personnalisation physique du contenu - Réintégration de l'essentiel d'une année sur l'autre - Pochettes annexes pour ranger les documents volants - Coût modique	- Encombrement et poids - Inadéquat si nécessité de traiter un volume important de données - Gestion du temps conventionnelle qui ne prépare pas à l'usage banalisé des TIC	- Choisir le standard européen (format 6 trous) - Éviter le format A5 trop petit et les formats A4 trop grands - A tendance à disparaître au profit des assistants personnels PDA synchronisés avec les PC mis en réseau
Organiseur agenda électronique autonome : taille d'une calculette, petit écran 3-4 lignes, clavier rudimentaire, 50 KB	- Fonctionnalités intéressantes selon les modèles - Encombrement réduit - Bonne capacité mémoire	- Pas de synchronisation PC donc pas de mise à jour (agendas partagés, mails etc.)	- Coût modique mais ce n'est rien de plus qu'un traducteur de langues ! À reléguer au rang de gadget - Plutôt que d'y investir du temps, passez directement à l'assistant personnel (PDA)
PDA *Personal Digital Assistant*, ou Assistants numériques : taille d'une grosse calculette, pilotage avec clavier virtuel ou stylet ou mini-clavier (3 modes d'exploitation : Palm OS, Windows CE ou Pocket PC, Epoc) Exemples de marques : Palm pilot, Sony, HP-Compaq… Fonctionnalités : agenda, prise de note, carnet d'adresses… Liaison possible avec messagerie et Internet Idem que les Pocket PC utilisant Outlook, Explorer, Word, Excel de Microsoft + fonctions multimédias	- Légers, autonomes, faciles à maîtriser - Fonctionnalités puissantes - Outil intégratif des NTIC pour communiquer avec téléphone, mobile, ordinateur fixe, appareil photo numérique, autres PDA, e-livres, module radio musique, Internet, logiciels, réseau radio satellite, réception e-mails, etc. - Bibliothèque de logiciels téléchargeables - L'interactivité et la polyvalence des PDA en font l'instrument incontournable pour demain	- Nécessité d'y associer un ordinateur portable ou un PC pour profiter pleinement de ses fonctionnalités - Risque de vol ou de détérioration par choc - Autonomie limitée si fonctions avancées (quelques heures, ordinateurs portables) - L'utilisateur doit avoir une « mentalité virtuelle » et la patience de résoudre les problèmes « informatiques » - Coût élevé selon les modèles	- Bien préparer son achat et se faire conseiller - Attention au coût induit par les « innovations technologiques » sans utilité réelle - Évaluer l'inconfort ergonomique (dimensions de l'écran, petitesse de l'affichage) pour la plupart des modèles ➜

Tableau comparatif des supports de gestion du temps

Moyens	Avantages	Inconvénients et contraintes	Remarques
Logiciels de gestion du temps sur PC travaillant indépendamment des autres applications **Ces outils disparaissent peu à peu au profit des seniors du travail coopératif : Lotus, Outlook, Linux, Eudora** **Aujourd'hui, ils sont conçus pour travailler en réseau** **Travail hors réseau ou en réseau (*groupware*)**	- Centralisation des moyens - Fonctionnalités sans cesse améliorées - Présentation familière des icônes - Usage facile avec entraînement - Visualisation large sur écran - Personnalisation attractive des supports (présentation et formats) - Transfert aisé de données - Rapidité de recherche des informations - Archivage et récupération rapide des données d'une année sur l'autre - Système d'alarme - Liens hypertextes - Mise en réseau des informations - Préfigure les méthodes de travail de demain	- Nécessite un réel apprentissage des fonctionnalités - Obligation de saisie à tout moment - Système complexe à faire vivre (passage entre applications différentes) si l'on n'a que des RV à gérer - Impose un équipement bureautique complet - Coût non négligeable	- Risque de dispersion des supports : pour éviter les saisies fastidieuses, tentation de ne pas tout noter et d'utiliser d'autres supports (agenda papier et informatique) en parallèle - Travailler avec cet outil permet de comprendre l'efficacité collective
***Groupware*, logiciels informatiques pour travail partagé (informations et dossiers) : agendas, dossiers, accès directs aux TIC, Internet, Intranet, multimédia, etc.** **Outlook pour Microsoft, Lotus Notes pour Lotus, Eudora pour Qualcom Inc.**	Mêmes avantages que ci-dessus + - Gestion collective des activités intra et inter équipe, intra et inter entreprise - Immédiateté des communications - Gain de temps décuplé dans le temps partagé - Passage d'une application à l'autre (Word, Excel, Internet, messagerie, PDA, mobile...) toujours plus performant - Indispensable à l'avenir dans la plupart des secteurs	Mêmes inconvénients que ci-dessus + - Dépendance accrue aux décisions groupales et risque d'aliénation de sa gestion du temps avec tendance à la déresponsabilisation si mise en commun abusive	- C'est la réponse aux problèmes de gestion du temps personnelle par la gestion du temps collective (malgré quelques déboires et quelques excès) - Possibilité de coupler le système avec un PDA même bas de gamme - Anticiper dès à présent pour être prêt
Internet, Intranet, e-mail	- Courrier sans timbres - Immédiateté des communications - Encyclopédie mondiale au bout des doigts - Outil indispensable, pour communiquer et apprendre	- Apprentissage nécessaire mais largement payé de retour. Les ratés ne sont pas rares mais les résultats rentables et gratifiants	- Ne constituent pas en soi un système de gestion du temps mais sont incontournables pour en gagner - Une révolution à ne pas manquer !

Section 3

Téléphoner, lire, écrire : optimisez votre efficacité

Redevenir maître de son temps implique une chasse impitoyable à ces « pièges à temps » que sont les interruptions sous toutes leurs formes, appels téléphoniques ou visites impromptues de collaborateurs. L'acquisition de nouveaux réflexes, notamment en matière de lecture et d'écriture, vous permettra également de renforcer votre efficacité personnelle.

❶ Rationalisez votre utilisation du téléphone

Le téléphone est l'un des plus grands voleurs de temps. C'est à la fois un miracle et une plaie : sans lui, nous sommes perdus, avec lui, nous sommes pris en otage. Il peut, si vous n'y prenez pas garde, hacher menu les plages de travail que vous vous étiez réservé pour avancer sur un dossier urgent, vous réduisant immanquablement à l'inefficacité.

Voici 8 astuces pour tirer parti du téléphone sans en subir les inconvénients :

✔ 1. Regroupez vos appels et organisez des « séquences téléphone » : vous subirez moins la gêne occasionnée par les numéros occupés, les absences et les rappels.

✔ 2. Filtrez vos appels : utilisez votre boîte vocale pour limiter les dérangements. Mais restez accessible à certaines heures. Orientez les correspondants vers un numéro de secours pour les urgences (standard, assistante). Au bureau, utilisez votre téléphone mobile comme une messagerie et réservez-le pour les urgences.

✔ ***3. Allez droit au but.*** Annoncez clairement votre prénom + nom puis précisez brièvement l'objet de votre appel. Évitez les questions ouvertes : « Bonjour, comment allez-vous ? », « Quoi de neuf ? », etc.

✔ ***4. Ayez un répertoire unique.*** Si vous utilisez un répertoire électronique, apprenez-en les fonctionnalités : saisie des numéros d'appel, rappels automatiques, transferts de messages, raccourcis de numéros, conférence à plusieurs, compteur de temps passé.

✔ ***5. Lorsque vous êtes en entretien ou en réunion, annoncez-le immédiatement.*** Dites : « Je vous interromps car je suis occupé, souhaitez-vous que je rappelle cet après-midi. À quel numéro ? »

✔ ***6. Assurez-vous que votre interlocuteur est bien disponible.*** Au besoin, proposez-lui un rendez-vous téléphonique et notez-le dans votre agenda.

✔ ***7. Sur les boîtes vocales, répétez numéros de téléphone, noms, adresses mail.*** Une première fois pour attirer l'attention, une deuxième fois pour faciliter la prise de notes.

✔ ***8. Finalisez l'entretien par un résumé des points clés, puis terminez par une formule chaleureuse.*** Classez immédiatement les informations prises en notes et confirmez les accords par courrier ou mail.

❷ Développez votre capacité de lecture

Tout ce dont vous avez besoin pour améliorer vos connaissances, résoudre un problème, vous distraire, se trouve déjà dans les livres ! Or que vous manque-t-il ? Du temps… pour les lire !

Les techniques de lecture active (agilité visuelle + agilité mentale) permettent de tripler la vitesse de lecture, ou au minimum de la doubler. Un lecteur moyen lit à une vitesse de 250 mots/minute, alors qu'un lecteur rapide avale le texte à la vitesse de 500 à 800 mots/minute. Voici quelques conseils pour améliorer votre capacité de lecture.

✔ ***1. Laissez courir votre œil sur la ligne au lieu de le retenir.*** Votre œil reconnaît les mots à leur silhouette : amusez-vous à le laisser « galoper » de phrase en phrase.

✔ ***2. Acceptez de perdre un peu de mots pour gagner en vitesse :*** entraînez-vous à lire vite pour gagner en compréhension. La vitesse aide votre mémoire à court terme à saisir le sens général des phrases.

✔ ***3. Identifiez le texte à partir de ses clés visuelles.*** Recherchez les idées maîtresses à partir de la structure du texte : table des matières, titres, introductions de chapitre, intertitres, etc.

✔ ***4. Questionnez vos lectures avant et pendant :*** quelles informations souhaitez-vous y trouver ? Qu'allez-vous en faire ?

✔ ***5. Pratiquez « l'écrémage ».*** Déculpabilisez-vous de ne pas tout lire. Faites confiance à votre cerveau pour opérer un tri intuitif des idées principales.

✔ ***6. Abordez votre lecture avec des stratégies différentes.*** Selon l'intérêt de vos lectures ou les circonstances : repérez, écrémez, survolez ou approfondissez.

✔ ***7. Renforcez votre mémorisation*** par des synthèses et prises de notes.

✔ ***8. Ne lisez pas toujours vite,*** soyez flexible.

✔ ***9. Annotez, griffonnez, soulignez :*** appropriez-vous l'écrit sans réserve.

❸ Apprenez à écrire sans souffrir

Tout cadre passe aujourd'hui 70 % de son temps à communiquer : en face-à-face, au téléphone ou par écrit. Parmi ces modes de communication, l'expression écrite est la plus coûteuse en temps. Classement des idées, correction orthographique, allègement des phrases : pour que l'écriture ne ressemble plus à une souffrance, un peu de méthode suffit.

✔ ***1. Écrivez « au kilomètre » pour dévider votre pensée.*** Écrivez d'un jet (« écrire pour soi ») et jetez ensuite le superflu (« écrire pour le lecteur »).

✔ ***2. Utilisez les schémas « neuronaux » ou « heuristiques » pour ordonner vos idées.*** Inscrivez vos idées principales dans des « bulles » ou des « soleils » (avec pour rayons les idées secondaires) et concrétisez les liaisons par des traits.

✔ ***3. Structurez vos idées.*** Choisissez un plan : Qui ? Quoi ? Où ? Quand ? Comment ? Ou encore : situation (problématique), observation (les faits, ce qu'il faut savoir), réflexion (options de solutions), action (déductions, décisions, plan d'action). Un bon principe : un paragraphe = une idée ; une phrase = une unité de pensée.

✔ ***4. Coupez les phrases trop longues*** en respectant la règle : sujet, verbe, complément, point. Utilisez les mots de liaison (en revanche, mais, en effet…) pour raccommoder les paragraphes et la ponctuation (virgules, points-virgules…) pour varier le rythme.

✔ ***5. Éliminez toutes les locutions inutiles :*** que, quoique, parce que, bien que, afin que… en modifiant l'ordre des mots.

✔ ***6. Élaguez les mots superflus et les expressions parasites :*** il apparaît que, en partant de la conclusion que, une décision est actuellement envisagée en vue de…

✔ ***7. Conjuguez les verbes à la voix active.*** « Il a été déterminé après enquête » devient « l'enquête a déterminé ».

✔ ***8. Utilisez les outils de correction orthographique et grammaticale*** intégrés au traitement de texte. Créez-vous vos propres dictionnaires.

✔ ***9. Exploitez les insertions automatiques et les modèles proposés par le traitement de texte.*** Utilisez les modèles préétablis ou créez-en de nouveaux.

✔ ***10. Divisez votre page en trois colonnes pour la prise de notes.*** La première colonne pour les titres et les thèmes, la deuxième pour les idées et leur développement, la troisième pour les commentaires et exemples. Efforcez-vous de ne noter que des mots clés.

Section 4

Micro, messagerie : paramétrez vos outils informatiques

Sauvegardes, personnalisation, raccourcis, classement automatique, liens hypertextes sont autant d'éléments à maîtriser pour renforcer votre efficacité personnelle. Voici quelques conseils pour affûter vos outils selon vos besoins.

1 Maîtrisez les fonctionnalités de votre ordinateur

L'insuffisance de sauvegardes et le manque de connaissances de base sont à l'origine des plus grosses pertes de temps liées à l'informatique. Fichiers partiellement perdus parce que non sauvegardés au moment d'un « bug » informatique, utilisation des logiciels à moins de 50 % de leur potentiel, perte des repères devant une nouvelle version d'un logiciel offrant de nouvelles fonctionnalités : de tels errements sont malheureusement le lot commun de nombreux salariés insuffisamment formés.

⏭ Développez vos connaissances de base

Pour tirer le maximum de votre outil informatique, la meilleure attitude à adopter est **d'apprendre à vous débrouiller seul**, même si, dans certaines entreprises, vous aurez peut-être la chance de bénéficier de formations sur des logiciels spécifiques

N'ayez recours au service informatique, par ailleurs souvent débordé, qu'en cas de gros pépin. Pour le reste, prenez les devants et faites preuve de curiosité. Imprimez les pages d'aide ou achetez des manuels. Faites-vous envoyer les « newsletters » des concepteurs de vos logiciels ou des revues informatiques, qui proposent régulièrement des conseils pratiques. Et surtout, partez à la découverte des menus de vos logiciels et essayez de connaître un maximum de fonctionnalités.

⏭ 8 conseils pour mieux utiliser votre micro

✔ ***1. Paramétrez votre outil informatique :*** recherchez dans chaque application les menus intitulés Outils, Configuration, Options, Personnalisation. Il existe une bonne cinquantaine de paramètres pouvant vous simplifier la vie.

✔ ***2. Optez pour les raccourcis.*** Utilisez au maximum les raccourcis clavier standard (sur PC : Ctrl + A : sélectionner ; Ctrl + C : copier, etc.).

✔ ***3. Préférez les insertions automatiques.*** Créez-vous des listes d'insertions automatiques pour tous les éléments récurrents : formules de politesse, coordonnées, etc.

✔ ***4. Donnez à vos documents des titres significatifs.*** Informez le résumé si nécessaire.

✔ ***5. Maîtrisez les fonctions de l'explorateur et de l'archiveur,*** indispensables pour faire du ménage.

✔ ***6. Créez autant de dossiers et sous-dossiers que nécessaire*** pour faciliter une recherche intuitive à partir d'un chemin d'accès aisément déductible.

✔ ***7. Jouez la carte de la sécurité.*** Raccourcissez le délai d'enregistrement (dans Word : menu Outils/Options/Enregistrement). Sauvegardez (Ctrl + S) fréquemment en cours de travail. Si vous utilisez votre ordinateur personnel pour le travail, n'oubliez pas de mettre à jour les antivirus sur Internet.

✔ ***8. Perfectionnez-vous en dactylographie :*** utilisez vos dix doigts afin d'accélérer votre vitesse de frappe.

❷ Domptez votre messagerie

Pour une utilisation efficace de votre messagerie électronique, la première chose à faire est de respecter les règles de savoir-vivre traditionnelles, que l'on a parfois tendance à oublier dans ce type d'échanges. Or un code de bonne conduite s'avère aujourd'hui nécessaire pour limiter les abus et renforcer l'efficacité collective.

Une bonne fois pour toutes, interdisez-vous :

✔ ***1. d'« arroser » tout le monde.*** Tous les utilisateurs d'e-mails déplorent l'avalanche d'informations dont ils ne savent que faire : les copies à tous !

✔ ***2. d'envoyer des e-mails sans formule de politesse :*** sans tomber dans la reproduction de convenances trop académiques, restez courtois en écrivant « merci », « bonjour », « à bientôt », « bonne journée ».

✔ ***3. de régler vos comptes sur le réseau.*** Laissez refroidir les rancunes pour ne pas prendre le risque d'informer tout le monde de vos déboires.

. Imposez-vous :

✔ ***4. de démarrer vos mails par une ou deux lignes précisant le contenu.*** Vous faciliterez le circuit de lecture ou la mise en attente. N'abusez pas des priorités hautes. Faites l'effort d'être concis.

✔ ***5. de distinguer les destinataires réels des personnes en copie.*** Respectez les mêmes règles de confidentialité que pour les courriers papier. La facilité de transfert des documents par e-mail ne doit en rien vous faire oublier les règles de diplomatie et de respect de la personne.

✔ ***6. de donner à vos e-mails des intitulés significatifs.*** Cela aidera vos destinataires à traiter et à classer plus facilement vos messages.

Au besoin, attirez l'attention de vos destinataires par une présentation personnalisée.

Facilitez-vous le tri :

✔ ***7. en utilisant filtres et règles automatiques.*** Créez dans votre boîte de réception une série de dossiers et sous-dossiers par thème ou destinataire. Puis créez des règles de message (à partir d'un message ouvert dans Outlook Express : Message / Créer une règle à partir d'un message ; la saisie de l'adresse est automatique). Les mails sont alors classés automatiquement dans vos dossiers.

✔ ***8. en affichant votre boîte de réception par ordre d'expéditeur,*** de date ou d'objet (cherchez dans l'aide).

✔ ***9. en renseignant votre carnet d'adresses et en le mettant à jour régulièrement.***

Dernier conseil : prévoyez deux à trois fois par jour des « séquences mails » qui vous permettront de regrouper le traitement de vos messages à certaines heures. Au besoin, regroupez « séquences mail » et « séquences téléphone ».

Et vous, où en êtes-vous ?

Autodiagnostic d'efficacité personnelle

Évaluez-vous en remplissant le tableau d'évaluation ci-après.

Vous avez, dans les chapitres 2 et 3, huit fiches comprenant 8 à 10 conseils sur les thèmes suivants :

- Bâtissez votre plan de journée (p. 35)
- Exploitez votre agenda papier (p. 38)
- Classez vos dossiers (p. 41)
- Mieux utiliser votre téléphone (voir p. 54)
- Lisez plus efficacement (p. 55)
- Écrivez sans souffrir (p. 56)
- Paramétrez votre ordinateur (p. 58)
- Mieux exploiter votre messagerie (p. 59)

Mettez une note dans la case correspondant à chaque conseil :

2 Je fais presque toujours – 1 Parfois – 0 Je ne fais jamais

Conseil n°		1	2	3	4	5	6	7	8	9	10	Total
1	Votre plan de journée	0										
2	Votre agenda papier	2										
3	Classer	2										
4	Téléphoner	2										
5	Lire	2										
6	Écrire	2										
7	Votre ordinateur	0										
8	Votre messagerie	1										

Pour connaître le résultat de votre auto-évaluation, reportez-vous à la page 120.

L'essentiel

AMÉLIOREZ VOTRE EFFICACITÉ PERSONNELLE EN APPRENANT À MIEUX UTILISER VOS OUTILS QUOTIDIENS ET EN DÉVELOPPANT DE NOUVELLES COMPÉTENCES.

1 TECHNOLOGIE ET EFFICACITÉ NE VONT PAS FORCÉMENT DE PAIR

Ne vous laissez pas aveugler par les innombrables fonctionnalités des supports de gestion du temps informatiques.

2 MUNISSEZ-VOUS DU SUPPORT DE GESTION DU TEMPS DONT VOUS AVEZ RÉELLEMENT BESOIN

Évaluez précisément vos attentes et vos besoins et demandez-vous quelle utilisation vous souhaitez faire d'un support de gestion du temps. Choisissez en toute connaissance de cause votre agenda parmi les multiples possibilités offertes.

3 DÉVELOPPEZ DE NOUVEAUX RÉFLEXES POUR ÊTRE PLUS EFFICACE DANS VOS TÂCHES COURANTES

Rationalisez votre utilisation du téléphone, apprenez à lire en diagonale, développez votre capacité à structurer et à rédiger un texte.

4 DÉVELOPPEZ VOS CAPACITÉS INFORMATIQUES

Évitez les pertes de temps à répétition en apprenant à paramétrer votre micro et votre messagerie.

❑ ***Notes personnelles***

Chapitre 4

Renforcer votre efficacité collective pour gagner du temps

Objectifs du chapitre

- ✗ Concilier efficacité personnelle et efficacité collective.
- ✗ Mieux doser ses interventions en tant que responsable d'équipe.
- ✗ Connaître et appliquer les règles de la délégation.
- ✗ Développer son autonomie en tant qu'assistante.
- ✗ Gagner du temps durant les réunions et entretiens de face-à-face.

Section 1

Contribuez à l'efficacité collective

Le renforcement de l'efficacité collective concerne bien sûr chacun des salariés à son niveau. En tant que manager, vous jouez en la matière un rôle crucial de relais de la stratégie globale de l'entreprise. Pour gérer votre équipe au quotidien, vous devrez vous astreindre à une discipline individuelle et collective, dont les principes sont résumés dans cette section.

1 Mieux gérer votre équipe au quotidien

La particularité de votre action en tant que manager, bien résumée dans l'expression « cadre intermédiaire », est de se dérouler sur deux fronts : en amont et en aval de votre propre position dans la hiérarchie de l'organisation. En amont, avec d'autres managers et votre propre responsable hiérarchique, pour préparer l'avenir de l'entreprise en contribuant à la définition de nouvelles orientations et à la conception de divers projets. C'est la partie « créativité » de votre travail, qui vous demande à la fois de vous isoler pour réfléchir et de participer à différentes réunions avec vos pairs. Votre action en aval concerne la mise en œuvre des projets auprès de votre équipe : répartition des rôles, définition des plannings et tenue des délais. C'est la partie « organisation » de vos attributions.

2 Deux principes clés au service de votre efficacité

En tant que manager, votre objectif premier doit être de protéger votre temps et limiter le stress dû aux innombrables sollicitations quotidiennes de votre hiérarchie ou de votre équipe. Deux principes peuvent vous permettre d'atteindre ce résultat.

Tout d'abord, il est crucial de vous forger une discipline personnelle, qui va consister à la fois à **refuser les interruptions** (ou en tout cas à les canaliser), à veiller vous-même à interrompre le moins possible vos collaborateurs et à limiter au maximum les urgences. Vous sauvegarderez ainsi du temps pour vous consacrer à vos autres missions.

Encourager l'autonomie des membres de votre équipe est aussi un moyen pour vous de gagner en tranquillité et en efficacité. Soyez très rigoureux dans la phase de cadrage du travail mais faites-leur confiance dans la phase de réalisation.

❸ Apprenez à doser vos interventions

Le temps du manager doit être consacré à mettre en place les conditions de réussite du travail de chacun. S'il ne doit pas se désengager du terrain, il ne peut se permettre d'y rester englué…

- ✔ Favorisez l'autonomie de vos collaborateurs.
- ✔ Restez centré sur les résultats de leur travail plutôt que sur les processus.
- ✔ Isolez-vous à chaque fois que vous en avez besoin.
- ✔ Limitez au maximum les urgences.
- ✔ Prenez le temps d'informer régulièrement vos collaborateurs.
- ✔ N'intervenez que lorsqu'il y a blocage dans un processus de travail.
- ✔ N'empiétez pas sur le temps personnel de vos collaborateurs.
- ✔ Prenez rendez-vous pour travailler avec eux.
- ✔ Cherchez à augmenter votre coefficient de temps maîtrisé lorsque celui-ci est inférieur à 60 % (40 % d'imprévus).
- ✔ Transmettez par écrit ou e-mail les messages qui ne gagnent rien à être oraux.

Conseil pratique

10 conseils pour gérer les gros dossiers

Votre hiérarchie vous a confié la responsabilité d'un gros dossier qu'il vous incombe de mettre en œuvre auprès des membres de votre équipe. Que vous utilisiez ou non un logiciel d'aide à la planification, l'établissement du planning est peut-être la phase la plus délicate du travail, car les dérapages sont souvent liés à une sous-évaluation des phases nécessaires pour mener à bien un projet.

➔ Fixez à votre équipe une date butoir en deçà de l'échéance réelle. Pour un planning établi sur 3 mois, par exemple, laissez-vous un battement de 2 à 3 semaines. Cette astuce vous permettra d'absorber les retards et de limiter les dérives.

➔ Dotez-vous d'un système de planification fiable. Bien qu'un logiciel de planification n'ait jamais été une garantie de succès, ses fonctionnalités obligent à se poser des questions pertinentes : durées, ressources, marges, jours fériés, etc.

➔ Ne vous engagez pas sur des échéances irréalistes. Si les échéances ne vous sont pas imposées, ne vous mettez pas en difficulté en annonçant une date irréaliste, surtout si vous n'avez pas l'expérience de ce genre de projet.

➔ Bloquez des journées entières pour établir votre planning. Cela favorisera la concentration et l'esprit de synthèse et limitera la dispersion liée aux interruptions.

➔ Informez à l'avance de vos indisponibilités. Tenez compte de vos indisponibilités dans le planning et prévenez vos collaborateurs, ils seront moins étonnés de vous voir pressé certains jours.

➔ Considérez que la phase d'immersion prend la moitié du temps. On appelle « phase d'immersion » les étapes, souvent minimisées, qui consistent à prendre connaissance du schéma global, à s'informer sur les détails, à laisser l'esprit faire son travail de synthèse, à structurer les grandes parties.

➔ Notez toutes les idées qui vous traversent l'esprit lors de la phase d'immersion. Ce sont des ancrages utiles que vous pourrez exploiter plus tard.

➔ Désengagez-vous d'autres projets pouvant entrer en concurrence. N'acceptez de mener plusieurs projets de front que si vous en avez déjà l'expérience.

➔ Profitez de vos moments de concentration. Parce que de tels moments ne se programment pas, sachez les exploiter au maximum lorsqu'ils se présentent.

➔ Disparaissez si nécessaire. Sachez vous extraire de votre bureau si vous pouvez mieux vous concentrer ailleurs : une salle de réunion, un bureau inoccupé, chez vous. Laissez vos coordonnées uniquement pour les urgences.

Et vous, où en êtes-vous ?

En tant que hiérarchique, passez-vous suffisamment de temps...

Notez dans le carré qui suit la question la mention « oui » si vous estimez passer suffisamment de temps à satisfaire la question posée, puis comptez le nombre de oui.

1	À informer votre équipe sur les enjeux de demain et du changement des modes de travail par des discussions ou la circulation d'informations (articles, abonnements journaux) ?	Oui
2	À écouter les membres de votre équipe sur les difficultés qu'ils ont à respecter les objectifs que vous leur avez fixés ?	Oui
3	À promouvoir la polyvalence pour mieux faire face aux pics d'activité et favoriser la « réactique » (capacité de réaction aux changements du marché) ?	Oui
4	À diagnostiquer les surcharges de travail de votre personnel pour alléger les uns et mieux répartir sur les autres ?	Oui
5	À identifier les profils d'évolution des postes pour accompagner les nouvelles technologies ?	Oui
6	À définir de nouveaux objectifs de progrès pour anticiper les réorganisations ?	Oui
7	À analyser votre définition de fonction pour confier aux membres de votre équipe les missions ou tâches qui sont les vôtres (par transfert et non délégation permanente) ?	non
8	À montrer de la reconnaissance auprès des personnes de bonne volonté ?	Oui
9	À réfléchir à l'adaptation de vos comportements managériaux selon les besoins de chaque membre de l'équipe et au cas par cas ?	non
10	À organiser des moments de plaisir (pour marquer un événement, reconnaître une performance ou simplement faire la fête : danser, boire et manger) ?	non

Pour connaître le résultat de votre auto-évaluation, reportez-vous à la page 120.

Section 2

Apprenez à mieux déléguer

La délégation apparaît dans bien des cas la solution miracle à un emploi du temps surchargé. Mais il ne s'agit pas simplement de se débarrasser d'une tâche auprès du premier collaborateur venu. Cette pratique doit également profiter au délégataire. Pour cela, elle doit obéir à un certain nombre de principes exposés dans cette section.

1 Déléguer, qu'est-ce que c'est ?

À la fois gestionnaire de votre temps et démultiplicateur de l'efficacité des autres, vous subissez, en tant que manager, un degré de dispersion proportionnel à la taille de l'effectif encadré. Devez-vous plutôt vous consacrer à la réflexion sur le long terme avec vos pairs – lors de nombreuses et interminables réunions – ou rester « accroché » au terrain pour répondre aux besoins de votre équipe ?

Face à ce dilemne, la délégation peut apparaître comme la solution miracle. Mais encore faut-il savoir ce qu'est la délégation pour bien la pratiquer (voir tableau ci-contre).

2 Délégation : mode d'emploi

La délégation est un formidable outil de management qui permet de tirer vers le haut le niveau de compétences des collaborateurs. Mais pour cela, elle doit être soigneusement préparée et accompagnée. **Informer, former, contrôler sont trois conditions essentielles** pour que la délégation se déroule bien. La crainte d'échouer rend souvent les personnes, pourtant désireuses de s'essayer à d'autres missions, réfractaires à la délégation.

Définition de la délégation

Définition	Commentaires
CONFIER	Qui dit confier dit... confiance. C'est donc nommer quelqu'un qui peut vous représenter.
UNE TÂCHE OU UNE MISSION	Vous pouvez déléguer une tâche ou un ensemble de tâches qui constituent une mission.
À UNE PERSONNE	Et pas seulement à un collaborateur (délégation descendante). On peut donc déléguer vers le bas, vers les côtés (collègues) ou vers le dessus (supérieur hiérarchique)... ce qui est plus rare !
JUGÉE CAPABLE	Le délégataire doit être : - informé ; - formé ; - contrôlé.
DANS LE CADRE D'UNE DÉFINITION DE FONCTION CLAIREMENT PRÉCISÉE	Ne déléguez que ce que vous savez vous appartenir. Gardez-vous de déléguer des tâches dont on ne sait pas qui est normalement responsable.
ET D'UNE ZONE D'AUTONOMIE ANNONCÉE À L'AVANCE	Cette liberté d'action doit être spécifiée lors de la préparation de la délégation.

⏭ Répartissez clairement les responsabilités

Une délégation efficace se fonde par ailleurs sur une répartition claire des zones de responsabilité. Ainsi, lorsque vous déléguez une tâche, la définition (problème, objectif) et le contrôle de la situation vous appartiennent. Tout le reste – analyse, recherche de solutions, décision, mise en œuvre – appartient à votre délégataire. Si vous craignez de lui confier la totalité de la mission, confiez-lui uniquement une partie intermédiaire, l'analyse par exemple, puis confiez à quelqu'un d'autre la recherche de solutions.

Appliquez le principe de réversibilité

Le plus souvent, la délégation est ponctuelle et réversible, c'est-à-dire que le délégataire est en droit d'en attendre un bénéfice. N'oubliez jamais que ce dernier n'est pas rémunéré pour faire ce travail supplémentaire. Après une ou plusieurs délégations réussies, vous devriez donc, logiquement, faire évoluer le poste du collaborateur concerné – sans nécessairement ajuster sa rétribution – vers une prise en charge définitive des tâches ou missions que vous aviez déléguées. Vous le ferez d'autant plus aisément si vous bénéficiez vous-même de l'enrichissement de votre poste par l'attribution de tâches venant du haut.

S'il n'est pas toujours évident de respecter ce principe (dans certaines structures, on ne peut pas aisément modifier les définitions de fonction), il est prudent d'en tenir compte pour mieux sentir les limites d'une délégation permanente.

> **Conseil pratique**
>
> Contrôler n'est pas superviser !
>
> **Le contrôle peut être réalisé à n'importe quel moment de la délégation, à condition qu'il soit annoncé à l'avance et convenu sous forme de rendez-vous. Si, lors d'un contrôle, le délégant se rend compte qu'il ne peut laisser la délégation se poursuivre sans risque d'échec, il doit « faire amende honorable » vis-à-vis de son délégataire, en s'excusant de ne pas l'avoir mis dans les meilleures conditions de réussite.**

La responsabilité finale

La responsabilité finale incombe toujours au délégateur (ou délégant). Après tout, vous avez sous-traité une tâche qui vous incombait et votre hiérarchie n'est pas censée savoir comment vous vous êtes organisé pour atteindre votre objectif. Si votre délégataire est responsable devant vous, son délégateur, vous demeurez responsable devant votre hiérarchie. Vous devez donc « couvrir » votre délégataire.

La reconnaissance

Quelles que soient les circonstances de la délégation (gain de temps, incitation à la prise d'initiative, encouragement de la polyvalence, etc.), le délégataire doit être « reconnu » pour le travail qu'il a fourni et sa contribution à faire avancer d'autres objectifs que les siens. S'il ne sent pas ce qu'il a à gagner en acceptant ces délégations, tôt ou tard, il échappera à de nouvelles sollicitations. Cette attitude coopérative peut être reconnue par de multiples moyens, pas toujours financiers : initiative, liberté d'action, image de soi, primes, congés, confort au travail, esprit d'équipe accru, promotion, changement d'horizon, etc.

Le vrai problème des managers n'est donc pas de déléguer à tout prix, mais de responsabiliser. N'oubliez jamais que **la délégation n'est jamais qu'un « moment » du management au service d'une vision à long terme.** Ne confondez pas « déléguer » et « distribuer le travail ».

Conseil pratique

7 conseils pour mieux déléguer

➜ **N'abusez pas de la délégation comme moyen de désengorger votre emploi du temps. Vos collaborateurs pourraient en nourrir de la rancune.**

➜ **Assurez-vous que votre délégataire a le temps de s'acquitter de la tâche que vous lui confiez. N'oubliez pas qu'il n'est pas rémunéré pour ce travail supplémentaire.**

➜ **Ne présentez pas la délégation comme un ordre. Une délégation acceptée est un service rendu et non un devoir.**

➜ **Précisez parfaitement les limites de pouvoir. Prenez le temps de définir la zone d'autonomie de votre délégataire et mettez à sa disposition les moyens nécessaires.**

➜ **Ne supervisez pas mais assurez le contrôle final du travail. Déléguer, c'est faire confiance. C'est donc le résultat que vous validez. Tout contrôle intermédiaire doit être un rendez-vous concerté pour une assistance ponctuelle.**

➜ **Ne vous défaussez jamais de l'échec d'une mission sur votre délégataire. Vous restez responsable des conséquences de la délégation. C'est une tâche qui vous appartient. Personne n'est censé savoir comment vous vous êtes débrouillé pour la faire avancer.**

➜ **Sachez reconnaître et remercier. La dynamique de la délégation dans votre équipe dépend de votre capacité à « positiver » la prise d'initiative et à montrer votre satisfaction.**

Section 3

Optimisez le binôme manager/assistante

L'efficacité d'une équipe dépend en partie de la qualité de la relation manager/assistante. De son côté, l'assistante devra savoir prendre des initiatives tout en gardant à l'esprit les limites de son autonomie. Le manager, pour sa part, devra apprendre à utiliser au mieux les compétences de son assistante, surtout s'il la « partage » avec plusieurs de ses collègues.

❶ Apprenez à travailler en bonne intelligence

Que vous soyez manager ou assistante, votre métier vous expose aux mêmes types de pressions. À quoi ressemble en effet la journée d'un manager ? Écartelé entre les réunions avec ses pairs et les sollicitations du terrain, il désespère de trouver une ou deux heures de tranquillité pour faire le point sur ses dossiers. L'assistante, pour sa part, est, de par sa fonction, l'une des salariées qui subit le plus le morcellement des tâches. Frapper un courrier sans être interrompue par le téléphone est pour elle un événement quasi exceptionnel.

⏭ Méfiez-vous des dérapages !

Cette communauté de stress qui unit le manager et l'assistante peut être à l'origine de malentendus, voire de prises de bec qui, à terme, peuvent se transformer en une véritable incompatibilité d'humeur.

Le manager se gardera donc d'ajouter au stress de son assistante en la sollicitant toutes les cinq minutes. En cédant à ses impulsions, non seulement il la gêne dans son travail, mais il contribue à sa propre désorganisation. De même, l'assistante évitera de harponner constamment son patron parce qu'elle estime avoir besoin d'une réponse immédiate pour compléter un dossier.

Cette tyrannie réciproque, qui semble davantage dictée par l'existence d'une névrose complémentaire entre le manager et l'assistante que par une véritable recherche d'efficacité dans le travail, peut aboutir à la mise en place d'un cercle vicieux dont il sera très difficile de se défaire.

⏭ Soignez votre relation

Pour ne pas tomber dans de tels travers, qui risque fort de rejaillir sur le bon fonctionnement du service, le manager comme l'assistante ont tout intérêt à faire cause commune et apprendre à travailler en bonne intelligence. L'assistante s'efforcera ainsi de comprendre quels sont les habitudes de travail et les besoins du manager afin de s'y adapter. Le manager, pour sa part, devra respecter le travail de l'assistante et utiliser ses compétences avec plus de discernement.

C'est par cet effort d'adaptation mutuel que naîtra une **relation de confiance, clef de l'efficacité du duo manager/assistante.** L'assistante y gagnera en autonomie ; le manager en tranquillité d'esprit, et chacun y retrouvera ses petits.

❷ Favorisez l'autonomie de votre assistante

Le partage d'une assistante entre plusieurs responsables présente l'intérêt, sinon d'être facile, du moins de vous inciter à mieux utiliser ses compétences. Son temps ne vous appartenant plus, c'est de votre rigueur dans l'optimisation du temps que dépendra la qualité des services rendus.

✔ ***Prenez la peine de clarifier ce que vous attendez d'elle.*** Précisez-lui vos besoins et expliquez votre façon de travailler. Vous éviterez ainsi les malentendus…

✔ ***Prenez garde à vos impatiences.*** Vous avez une critique à faire à votre assistante ? Attendez que l'agacement soit passé pour lui faire part de vos suggestions d'amélioration.

✔ ***Respectez son travail.*** Évitez de l'interrompre à tout instant pour un travail urgent à accomplir. C'est rarement à l'heure près ! Or, c'est justement cette heure qui lui manque pour être à jour.

✔ ***Poussez-la à prendre des initiatives.*** Mieux elle comprend son rôle, moins vous serez contraint de superviser son travail.

✔ ***Associez-la aux réunions internes.*** Cela peut l'aider à « pressentir » ses marges de manœuvre. Laissez-la libre de ne pas venir si elle n'en voit pas la nécessité.

✔ ***Bloquez au minimum une demi-heure par semaine pour faire le point avec elle.*** Dossier après dossier, récapitulez avec elle le travail à faire en lui indiquant les nouvelles priorités.

✔ ***Informez-la de vos préoccupations.*** Vous créerez ainsi une relation de confiance.

✔ ***Sur votre agenda, bloquez une demi-journée par semaine pour les rendez-vous qu'elle pourrait avoir à prendre pour vous.*** Cela lui évitera d'avoir à vous contacter pour vous demander vos disponibilités.

✔ ***Redéfinissez les priorités en fonction des dernières urgences.*** Ne vous contentez pas de « fournir » le travail et d'attendre que votre assistante se débrouille.

✔ ***Assumez les petites tâches aussi vite réalisées par vous que par elle.*** Ne lui demandez plus de composer pour vous un numéro de téléphone. Confiez-lui uniquement des tâches à forte valeur ajoutée de sa fonction.

3 Faites gagner du temps à votre manager

Si votre hiérarchique n'a pas à imposer les outils de gestion du temps à son équipe, il apprécie, pour se consacrer aux grandes priorités du service, une forte dose d'autonomie de la part de ses principaux collaborateurs. Voici quelques principes pour une collaboration efficace et une relation apaisée avec votre responsable hiérarchique.

✔ ***Ne le sollicitez pas dès que vous l'apercevez.*** Certes, une réponse immédiate de sa part vous simplifierait les choses. Mais il ne peut se permettre de recevoir tous ceux qui le pourchassent. Regroupez donc vos questions et transmettez-les lui par écrit ou par e-mail.

✔ ***Soumettez-lui vos problèmes avec des options de solutions.*** En expliquant les solutions auxquelles vous avez pensé, vous lui permettrez de résoudre le problème plus facilement.

✔ ***Prenez en notes les décisions arrêtées.*** Éventuellement, envoyez-lui un mail demandant sa confirmation.

✔ ***Osez négocier votre temps.*** Plus vous êtes autonome, plus vous êtes libre d'organiser votre agenda à votre convenance. Si votre manager est souvent absent, les techniques de gestion du temps s'appliquent à fond : négociez les délais et les reports lorsque c'est nécessaire. Tenez-le informé des échéances qui risqueraient de ne pas être respectées.

✔ ***Fonctionnez par rendez-vous pour le rencontrer.*** Cette habitude incite à préparer l'échange et à affecter le temps nécessaire à une bonne résolution des problèmes rencontrés.

✔ ***Faites-lui préciser les limites d'autonomie de vos missions.*** La précipitation peut provoquer des oublis de sa part en termes de cadrage du travail.

✔ ***Écrivez-lui plutôt que de l'interrompre dans son travail.*** Communiquez par e-mail, notes écrites et mémos. Écrire impose de savoir précisément ce que vous voulez lui dire et la note écrite appelle une réponse.

✔ ***Établissez des rapports.*** Les managers ont besoin, pour diriger, d'informations sur les affaires en cours, d'inventaires des difficultés à traiter, d'indicateurs de suivi. L'acceptation du reporting est l'une des conditions d'un management de confiance.

✔ ***Ne prenez pas ses silences pour des réponses sûres.*** Un retard de réponse sur un dossier important ne peut être un prétexte pour considérer que vous avez son aval. Relancez-le en précisant une date butoir pour sa réponse.

✔ ***Informez-le de vos absences à venir.*** En l'informant suffisamment à l'avance de vos souhaits de vacances, vous lui permettrez d'en tenir compte dans les plannings de production. Et vous vous exposerez moins à un refus…

Section 4

Réunions et entretiens : optimisez le temps des échanges

Un cadre passe plus des deux tiers de son temps à communiquer en face à face ou en réunion. Or ces modes d'échange, bien que nécessaires, ont une fâcheuse tendance à dériver et à prendre jusqu'à trois fois plus de temps qu'ils n'en mériteraient. Les conseils de cette section pourront l'aider à économiser un temps précieux.

❶ Halte aux réunions improductives !

Si vous avez le sentiment de n'avoir absolument rien accompli à la fin de la journée, il y a de fortes chances pour qu'une réunion en soit la cause… Réunions dans un lieu inadapté (trop petit, trop chaud, trop froid…), qui n'en finissent pas, participants qui arrivent en retard, ordres du jour flous, absence de décisions, consensus mou, comptes rendus non faits… Nous avons tous connu les affres de ces rassemblements improductifs, ayant pour seul résultat tangible une prise de rendez-vous pour une prochaine réunion… Toutefois, fustiger la réunionite ne veut pas dire qu'il faille bannir les réunions de nos organisations. Car, reconnaissons-le, la réunion est un outil de gestion – y compris de gestion du temps – indispensable. Et comme tout bon outil, il faut en connaître la technique d'utilisation. D'ores et déjà, anticipez et pensez aux visioconférences et aux téléréunions.

❷ Réunions : mode d'emploi

Une réunion réussie est une réunion bien organisée et, avant tout, bien préparée. Préparer une réunion, c'est :

- ✔ choisir les participants : en règle générale, on essayera de rester au-dessous de 10. Pour une réunion d'information, le nombre de participants peut être important ;
- ✔ convoquer les participants au moins huit jours à l'avance. La convocation doit comprendre : l'objet de la réunion, l'objectif, l'ordre du jour (liste des sujets et durée consacrée à chaque sujet), ainsi que la date, le lieu, la durée (pas plus de 2 heures) et le nom des participants ;
- ✔ régler les questions de logistique : réservation de la salle et du matériel nécessaire (tableau blanc, rétroprojecteur, etc.), préparation des documents remis aux participants et des supports de présentation (transparents…) ;
- ✔ définir les modes d'intervention : exposé, travail en groupes, tour de table, etc.

⏭ La conduite de réunion

La conduite d'une réunion suppose la désignation d'un animateur et d'un secrétaire de séance chargé de prendre des notes en vue de la rédaction du compte rendu. Le rôle de l'animateur consiste à :

- ✔ veiller au respect de l'ordre du jour et de la durée allouée à chaque sujet. Pour cela, il placera devant lui une montre qu'il pourra consulter d'un simple coup d'œil ;
- ✔ présenter les objectifs de la réunion : en les écrivant sur un tableau ou en les projetant sur écran, ce qui permet aux participants de rester concentrés sur ces objectifs ;
- ✔ vérifier l'adhésion des participants aux objectifs : l'animateur sollicite les questions des participants sur les objectifs, ce qui permet d'aplanir les éventuels désaccords avant d'entrer dans le vif du sujet. Cette entrée en matière peut amener l'animateur à ajouter un point à l'ordre du jour ;
- ✔ détecter les désaccords en cours de réunion, afin de désamorcer les éventuelles polémiques ;
- ✔ interrompre les digressions en rappelant le thème et les objectifs de la réunion ;
- ✔ résumer chaque décision prise, afin de permettre aux participants de se repérer par rapport aux objectifs et d'évaluer la progression de la discussion ;

✔ conclure la réunion en résumant les principales décisions prises et en fixant de nouvelles échéances pour une prochaine réunion, l'envoi du compte rendu, etc.

⏭ L'exploitation de la réunion

Le compte rendu est indispensable pour assurer le suivi et la continuité des actions entreprises. Rédigé le plus rapidement possible par le secrétaire de séance, il doit être diffusé à tous les participants. Il reprend les points essentiels : décisions arrêtées, dates de mise en œuvre, responsables des actions, sans oublier de rappeler le thème de la réunion, le nom des participants et des personnes recevant copie du compte rendu, la date, l'heure et l'objectif de la prochaine réunion.

3 Maîtrisez les entretiens de face-à-face

Comme la réunion, l'échange d'informations en face-à-face peut facilement dériver faute d'une organisation rigoureuse.

✔ ***Avant l'entretien :***
- téléphonez pour confirmer le rendez-vous ;
- soyez ponctuel si l'entretien se déroule à l'extérieur. En cas de retard, prévenez toujours de votre heure probable d'arrivée.

✔ ***Au début de l'entretien :***
- proposez une limite de temps ;
- annoncez les objectifs de la discussion.

✔ ***Durant l'entretien :***
- reformulez les décisions prises au fur et à mesure ;
- prenez des notes ;
- exprimez franchement vos opinions, pour établir une relation de confiance ;
- rappelez régulièrement le temps restant, mais avec le sourire : « Combien de temps se donne-t-on encore ? » ;
- n'hésitez pas à faire un croquis pour clarifier un point obscur : cela permet de mieux mémoriser et de gagner en convivialité.

✔ ***À la fin de l'entretien :***
- résumez les points acquis et concluez (rappel des « Qui, Quoi, Où, Quand, Comment ») ;
- levez-vous lorsque vous estimez que tout a été dit. Votre interlocuteur fera de même !

Et vous, où en êtes-vous ?

Questionnaire anticipation

L'anticipation est souvent difficile à mettre en œuvre par manque de temps. Pourtant, elle est un gage d'efficacité à long terme et probablement l'un des seuls moyens pour récupérer du confort. Ce questionnaire a pour but de vous aider à faire le point sur vos insuffisances d'anticipation.

Notez en toutes lettres, dans le carré qui suit la question, la mention « NON » si vous estimez ne pas passer suffisamment de temps à satisfaire à la question posée, puis comptez le nombre de NON.

Passez-vous suffisamment de temps...		
1	**À vous former professionnellement ?** Les métiers évoluent et la réactualisation des connaissances doit se rapprocher de l'autoformation permanente. C'est un processus continu qui stimule la créativité et diminue l'ennui et la routine.	Non
2	**À lire la presse professionnelle ?** Un grand nombre de journalistes de talent prennent le temps d'analyser et de synthétiser les grandes tendances à venir. En tirez-vous le meilleur parti pour identifier les aptitudes qui deviendront vos alliées ?	Oui
3	**À vous tenir au courant de ce que font les concurrents ?** La veille est l'affaire de tous au sein de l'organisation. Elle permet d'alerter sur les difficultés à venir et de stimuler nos capacités à réagir.	Non
4	**À organiser votre bureau et vos outils de travail ?** Le rangement et le nettoyage sont nécessaires pour éviter les pertes de temps liées à la recherche d'un stylo, d'un document, de l'adresse d'un interlocuteur...	Oui
5	**À maîtriser l'informatique pour un usage courant ?** En la matière, le temps à consacrer pour devenir autonome n'est pas négligeable. Mais le jeu en vaut la chandelle, car cela peut vous permettre de gagner énormément de temps par la suite.	Oui
6	**À faire circuler l'information (articles de presse, revue ou autre) ?** Le partage enrichit. Apporter aux autres une information utile, c'est leur faire gagner du temps.	Oui

Pour connaître le résultat de votre auto-évaluation, reportez-vous à la page 120.

L'essentiel

RENFORCER L'EFFICACITÉ COLLECTIVE PASSE PAR LE RESPECT DU TEMPS DE TRAVAIL DE L'AUTRE ET UNE MEILLEURE CONNAISSANCE DE SES HABITUDES ET DE SES BESOINS.

1 LE MANAGER NE PEUT PAS SE PERMETTRE DE GÉRER SON TEMPS EN AMATEUR

Encouragez l'autonomie de votre équipe et concentrez-vous sur la mise en route et le contrôle final des projets. Conditionnez votre travail d'organisation à vos besoins d'isolement pour le travail de réflexion.

2 LA DÉLÉGATION EST PLUS QU'UNE SOLUTION MIRACLE POUR DÉSENGORGER VOTRE EMPLOI DU TEMPS

La délégation est certes un service rendu, mais elle doit aussi bénéficier au délégataire. Utilisez-la comme un outil de management permettant de tirer vers le haut les compétences de vos collaborateurs.

3 UNE VÉRITABLE COMPLÉMENTARITÉ ENTRE LE MANAGER ET L'ASSISTANTE EST UN ATOUT MAJEUR EN TERMES DE GESTION DU TEMPS

Utilisez judicieusement les compétences de votre assistante : laissez-lui une marge d'autonomie et confiez-lui des tâches à forte valeur ajoutée. Secondez efficacement votre manager en respectant son besoin d'isolement et en devenant plus autonome.

4 RÉUNIONS ET ENTRETIENS DOIVENT ÊTRE SOIGNEUSEMENT ORGANISÉS POUR NE PAS DÉGÉNÉRER EN RASSEMBLEMENTS AUSSI IMPRODUCTIFS QUE CHRONOPHAGES

Combattez la réunionite en vous appropriant les principes de préparation, de conduite et d'exploitation des réunions. Constituez-vous une « charte de conduite de réunion ».

Chapitre 5

Concilier productivité et climat relationnel

Objectifs du chapitre

✗ Repérer les « pilotes internes » – les siens et ceux des autres – pour faciliter les relations en milieu de travail.

✗ S'approprier les principes et techniques issus de l'affirmation de soi pour gérer intelligemment les conflits.

Section 1

Prenez conscience de vos « pilotes internes »

Votre réconciliation avec le temps ne saurait être complète sans aborder l'aspect relationnel de votre environnement de travail. En identifiant vos « pilotes internes » et ceux de votre entourage professionnel, vous serez mieux à même de repérer l'origine de certains conflits et donc de les éviter.

❶ Qu'est-ce qu'un « pilote interne » ?

Chacun d'entre nous a intériorisé des « pilotes » ou « injonctions » internes qui nous conditionnent sans que nous en ayons réellement conscience, ni compris les fondements. Éric Berne, auteur de travaux sur l'analyse transactionnelle, en a identifié cinq : Fais plaisir ! Sois fort ! Dépêche-toi ! Fais des efforts ! Sois parfait !

Pour aller plus loin

Fais plaisir !

➜ Injonctions : « Sois toujours gentil avec les autres et tu verras que tu seras toujours bien vu ! » L'incapacité à « dire non » s'inscrit solidement dans cette croyance.

➜ Traduction comportementale : les besoins des autres sont plus importants que les vôtres. Plus vous vous sacrifierez, plus vous serez aimé(e).

➜ Résultat : « Fais plaisir ! » convient bien aux métiers relationnels, avec cependant le risque que l'envie de faire plaisir passe avant l'objectif.

⏭ Paroles d'hier

L'enfant grandit en recherchant dans les yeux des parents la reconnaissance et l'amour, et interprète toute réaction comme un encouragement ou une désapprobation. Plus l'injonction est forte, plus le conditionnement agit. L'aspect le plus intéressant des pilotes internes, c'est la prise de conscience que les injonctions de l'enfance sont vécues comme des vérités, sinon des principes immuables. Nous grandissons avec des paroles de parents, de grands-parents, d'instituteurs... Et tout ce petit monde – parfois censeur, parfois protecteur – représentant l'autorité continue à dicter nos actes. Ne doutons pas que ce fut souvent pour notre bien que consignes et recommandations nous furent transmises. Ces directives, devenues des repères, nous ont aussi fortifiés.

Nécessités d'aujourd'hui

L'intérêt des pilotes internes est d'attirer l'attention sur le fait que nos comportements du passé correspondaient au bons ajustements du passé (soumission aux éducateurs, éducation sociale, conformité à des règles établies), mais pas forcément aux bons ajustements d'aujourd'hui. Or **le bien-être se construit sur la capacité d'adaptation de l'individu aux situations présentes**, sans aliénation aux conduites anciennes, si celles-ci se révèlent inappropriées aux besoins présents.

2 Corrigez les effets pervers de vos pilotes internes

Le problème surgit lorsque, dotés de pilotes internes particulièrement puissants, vous outrepassez les besoins dictés par la réalité de l'environnement (les autres, la société) ou vos propres besoins internes.

Ainsi, beaucoup d'entre nous, toujours dévoués (répondant au pilote

Pour aller plus loin

Sois fort !

→ Injonctions : « Méfie-toi des autres ! », « Ne montre rien de tes faiblesses, quelqu'un pourrait s'en servir contre toi ! »

→ Traduction comportementale : vous n'avez pas le droit d'être fragile et de montrer ce que vous ressentez.

→ Résultat : « Sois fort ! » a du mal à accepter les faiblesses ou erreurs des autres.

Dépêche-toi !

→ Injonctions : « Attention, il n'y en aura pas pour tout le monde, dépêche-toi, ne laisse pas passer le train ! », « Le temps passe vite, profites-en, occupe-le bien. »

→ Traduction comportementale : vous n'avez jamais assez de temps pour tout faire, vous devez exploiter pleinement chaque moment. Ce sera toujours ça de gagné !

→ Résultat : « Dépêche-toi ! » fonctionne sous la pression du temps.

interne : « Fais plaisir ! »), seront déçus en découvrant que cette qualité peut être perçue négativement par les autres (surtout lorsqu'ils ne fonctionnent pas sur ce même pilote). D'ailleurs, en y réfléchissant bien, si l'on considère que l'on ne peut donner qu'autant que l'on reçoit et réciproquement, on devine aisément qu'un excès de gentillesse peut aboutir à une saturation explosive à terme ou à un chantage affectif chronique.

Un hiérarchique ou un client, dont le pilote est « Dépêche-toi ! », vous semblera toujours ingrat face à la qualité de votre dossier remis en retard si vous fonctionnez sur le pilote « Sois parfait ! ». Un collègue « Fais des efforts ! » vous décevra peut-être lorsque, après avoir bénéficié de votre aide (pilote : « Fais plaisir ! »), il finira par dire : « Si tu l'as fait, c'est que tu le voulais bien ! »

Pour mettre au jour vos propres pilotes internes, répondez au questionnaire de l'autodiagnostic ci-après, p. 85. Lisez ensuite les parades conseillées dans la partie Résultats (p. 117) pour exploiter le bon côté de vos pilotes internes et repérer ceux des autres, comprendre leurs attitudes et faciliter vos relations de travail.

Pour aller plus loin

Sois parfait !

➔ Injonctions : « Sois très exigeant dans tout ce que tu fais, si tu veux réussir », « Ne te mets pas en défaut ! Cela te permettra d'échapper à la critique et de maîtriser les situations. »

➔ Traduction comportementale : vous ne vous autorisez pas la moindre erreur sous peine d'être mal jugé.

➔ Résultat : « Sois parfait ! » est toujours surchargé de travail et risque de s'épuiser.

Fais des efforts !

➔ Injonctions : « N'économise pas ta peine, tu ne sais pas de quoi demain sera fait », « Ne prends pas les chemins de la facilité. »

➔ Traduction comportementale : vous ne devez pas profiter à présent mais plus tard. Vous vous croyez jugé sur votre capacité à fournir beaucoup de travail dans l'adversité.

➔ Résultat : « Fais des efforts ! » accorde plus d'importance à la charge de travail qu'à l'efficacité.

Et vous, où en êtes-vous ?

Autodiagnostic de vos pilotes internes

Cochez la case correspondant à votre profil.

1 = non 2 = quelquefois 3 = souvent 4 = toujours

		1	2	3	4
1	Quand je parle à un interlocuteur, je souris.	☐	☐	☐	☒
2	Je remarque facilement les erreurs des autres.	☐	☐	☒	☐
3	Même agacé(e), je me montre calme.	☐	☐	☒	☐
4	Je me dépêche, même si cela n'a pas vraiment d'importance.	☒	☐	☐	☐
5	J'éprouve des difficultés à terminer.	☒	☐	☐	☐
6	Quand la discussion tourne mal, je préfère me taire et attendre.	☐	☒	☐	☐
7	J'arrive très en avance pour être sûr(e) de ne pas être en retard.	☒	☐	☐	☐
8	Je n'aime pas montrer mes sentiments et mes faiblesses.	☐	☐	☒	☐
9	Quand j'attends, je fais les cent pas de long en large.	☒	☐	☐	☐
10	Je réalise après coup que je me suis rendu la tâche difficile.	☐	☒	☐	☐
11	Avant de formuler une demande, je dis des paroles aimables.	☐	☐	☒	☐
12	Je m'arrange pour que tout soit exactement juste et bien fini.	☐	☐	☒	☐
13	Je pense que, dans la difficulté, il faut savoir faire face et prendre sur soi.	☐	☐	☐	☒
14	Je marche vite, je mange vite et je parle vite.	☐	☐	☐	☒
15	J'aime les défis et les tâches laborieuses qui consomment mon énergie.	☐	☒	☐	☐
16	Entre mes priorités et celles des autres, je donne systématiquement la place aux autres.	☐	☐	☒	☐
17	En général, je considère que tous les détails sont importants.	☐	☐	☒	☐
18	Je me débrouille avec les mauvaises situations sans me plaindre.	☐	☒	☐	☐
19	Je tapote des doigts, je remue les pieds, les genoux à l'occasion.	☐	☒	☐	☐
20	C'est quand les choses sont importantes et difficiles que je m'accroche même jusqu'à l'épuisement.	☐	☒	☐	☐

Pour connaître le résultat de votre auto-évaluation, reportez-vous à la page 120.

Section 2

Savoir s'affirmer

Apprendre à gérer intelligemment les tensions et les conflits au lieu de les fuir ou de contre-attaquer peut aussi être un excellent moyen de limiter votre stress et donc de mieux gérer votre temps. C'est ce que vous permet la technique de l'affirmation de soi, dont les principes et techniques sont présentés ici.

❶ Préservez le relationnel

Votre quotidien professionnel est structuré pour une large part par le temps passé avec les autres pour être informé, s'informer, réfléchir ensemble, décider ou communiquer de manière informelle.

Or nous sommes nombreux à achopper sur la « transaction relationnelle ». Lorsque la charge de travail s'accroît, les techniques de gestion du temps peuvent certes faire office de régulateur du stress. Mais cette habileté à gérer son temps atteint ses limites face à un afflux de travail non contrôlé. L'accélération de la cadence retentit alors sur le climat relationnel, avec pour risque la dégradation des relations sur fond de conflits et de tensions où s'expriment l'agressivité des uns et l'égocentrisme des autres.

❷ L'affirmation de soi, qu'est-ce que c'est ?

Nous avons tous vécu des dérapages relationnels au travail. Dès les premiers échanges, un déclic se produit et chacun part dans la surenchère, suivant aveuglément son « instinct », sans plus se soucier de régler le problème dont il était initialement question. N'aurions-nous pas mieux préservé notre énergie en optant d'emblée pour la négociation ? N'aurions-nous pas été plus professionnel en replaçant le vrai problème au centre de l'échange et en exprimant franchement notre situation et nos besoins ?

L'affirmation de soi part du principe qu'il est possible de mieux gérer les tensions et conflits qui surviennent au travail, ou dans la vie personnelle, en apprenant à **maîtriser ses émotions,** c'est-à-dire en développant une aptitude à se maintenir dans un registre neutre, médian, pondéré, qui ne sacrifierait ni la relation ni ses propres besoins. Elle a pour but de permettre à chacun d'exercer pleinement son libre-arbitre dans la vie quotidienne.

⏭ Entrez dans l'ère de la négociation

Élaborée aux États-Unis dans les années 1960, l'*Assertiveness* (affirmation de soi ou assertivité en français) entend donner aux individus une méthode pour faire face aux défis de notre temps.

Nous évoluons en effet dans un monde où les rapports de pouvoir se transforment. Chacun est convié à s'exprimer, à participer, à faire preuve d'autonomie et d'initiative pour affronter des exigences professionnelles accrues : recherche d'emploi, nouvelles organisations du travail, qualité, services aux clients, fusions d'entreprises, défense de ses droits en tant que salarié, etc.

Or cette entrée dans l'ère de la négociation se heurte souvent à nos habitudes. Lorsqu'une tension ou un conflit surgit, nous nous réfugions, souvent inconsciemment, dans des comportements traditionnels – agressivité, fuite, manipulation – issus de

Témoignage

Marianne prend une communication en début d'après-midi.

– Ah, ça vous arrive de travailler, dans ce service ? s'entend-elle dire de but en blanc. Cela fait deux fois que j'appelle !

Son sang ne fait qu'un tour.

Elle contre-attaque sans chercher à savoir s'il s'agit d'un collaborateur, un fournisseur ou un client.

– Parce que vous croyez que nous n'avons que ça à faire : attendre vos appels ?

La surenchère s'installe :

– Si j'avais reçu mon dossier à temps, je n'aurais pas eu à téléphoner ! rétorque son interlocuteur.

Elle comprend alors qu'il s'agit d'un collaborateur du service marketing qui attendait le descriptif d'un nouveau produit.

– Si vos demandes d'informations avaient été claires, nous aurions pu y répondre plus rapidement ! lui lance-t-elle au comble de l'énervement.

Son interlocuteur retrouve quelque peu son calme :

– Bon, ceci dit, il me faut tous les éléments pour demain après-midi.

Au lieu de saisir la perche, elle renchérit à nouveau :

– Cela m'étonnerait car tout le service est en réunion ! etc.

Pour aller plus loin

En anglais, *to assert* signifie affirmer, prétendre. Par extension : s'affirmer, défendre ses droits, prétendre à :

➜ s'affirmer sans complexe et de façon constructive ;

➜ défendre ses droits, sans chercher à empiéter sur ceux des autres ;

➜ prétendre à sa propre vérité personnelle, à ses propres idées, à ses propres goûts ;

➜ reprendre la maîtrise de son environnement personnel lorsque les tensions prennent le pas sur l'efficacité.

Approche pragmatique, l'affirmation de soi privilégie la responsabilité individuelle en toutes circonstances, y compris les conflits. Ce n'est pas évident, car en France, la substitution de la responsabilité de l'individu par celle du système est parfois privilégiée et sert d'excuse pour ne rien faire. Si le système est fautif, pourquoi se remettre en question ?

L'affirmation de soi s'inscrit aux antipodes de cette vision démobilisatrice, puisqu'elle postule que la capacité de mieux maîtriser son rapport au monde est à la portée de tous. Il ne s'agit pas de transformer les êtres, mais de donner à chacun le moyen de moduler son comportement dans des situations précises, de manière à mieux exprimer sa personnalité et à obtenir plus de satisfaction de son environnement.

notre éducation ou de notre mode de vie, sans mesurer vraiment à quel point ces attitudes, qui ne font que mener à l'impasse, sont devenues obsolètes. Or la capacité à développer de nouveaux comportements plus adaptés à cette nouvelle situation est en passe de devenir un facteur essentiel de la réussite des individus.

⏭ Bannissez le non-dit

L'expérience des relations montre que de nombreuses frictions, inimitiés ou conflits ont pour origine des malentendus, lesquels auraient pu être largement évités si les interlocuteurs avaient pris la peine de faire reconnaître leurs frontières ou de chercher à savoir à quel endroit « l'autre » avait positionné les siennes. Au lieu de cela, la personne bascule souvent, pour avoir trop attendu à exprimer ses besoins réels, dans l'un des trois registres : fuite, agression, manipulation. **Le non-dit est donc le carburant du conflit.**

L'affirmation de soi part du constat que les personnes se sentent rarement agressées par les différences respectives qui seraient mises au jour (opinions, besoins, comportements…) mais réagissent par crainte et anticipation d'une prise de pouvoir par l'autre. « **Formuler** » **les choses, c'est désamorcer la crise.** Le seul fait de consacrer du temps à expliquer son point de vue puis d'essayer d'entendre celui de l'autre est déjà un signe de reconnaissance qui satisfait l'ego.

Section 3

Repérez les comportements néfastes

Avant d'en venir à la méthode de l'affirmation de soi, il est utile de creuser les registres des réactions possibles en cas de conflit : agression, fuite, manipulation. Mieux connaître leurs caractéristiques, et vous y reconnaître, peut vous aider à désamorcer plus facilement les cercles vicieux relationnels qui ont tendance à s'instaurer au travail.

❶ Attention à l'effet « boule de neige »

Le schéma ci-après (p. 90) décrit les différents registres dans lesquels peuvent se réfugier les individus face à un message critique, autant d'attitudes qui ont tendance à s'alimenter les unes les autres par un effet de complémentarité (effet « boule de neige ») et à installer durablement les conflits :

- ✔ l'agression : critique, ironie, rébellion, l'attaque physique représentant l'extrême du registre d'agression ;
- ✔ la soumission : excuse, prétexte, justification, fuite physique ;
- ✔ la manipulation : flatterie, dévalorisation, exagération, simulation, conspiration, culpabilisation, etc., qui ne sont que quelques-uns des moyens utilisés par le manipulateur pour arriver à ses fins tortueuses.

Au contraire, l'affirmation de soi, qui est de loin le registre le moins employé de tous, consiste à désamorcer le conflit, à affirmer son point de vue puis à proposer une solution satisfaisante pour les partis en présence.

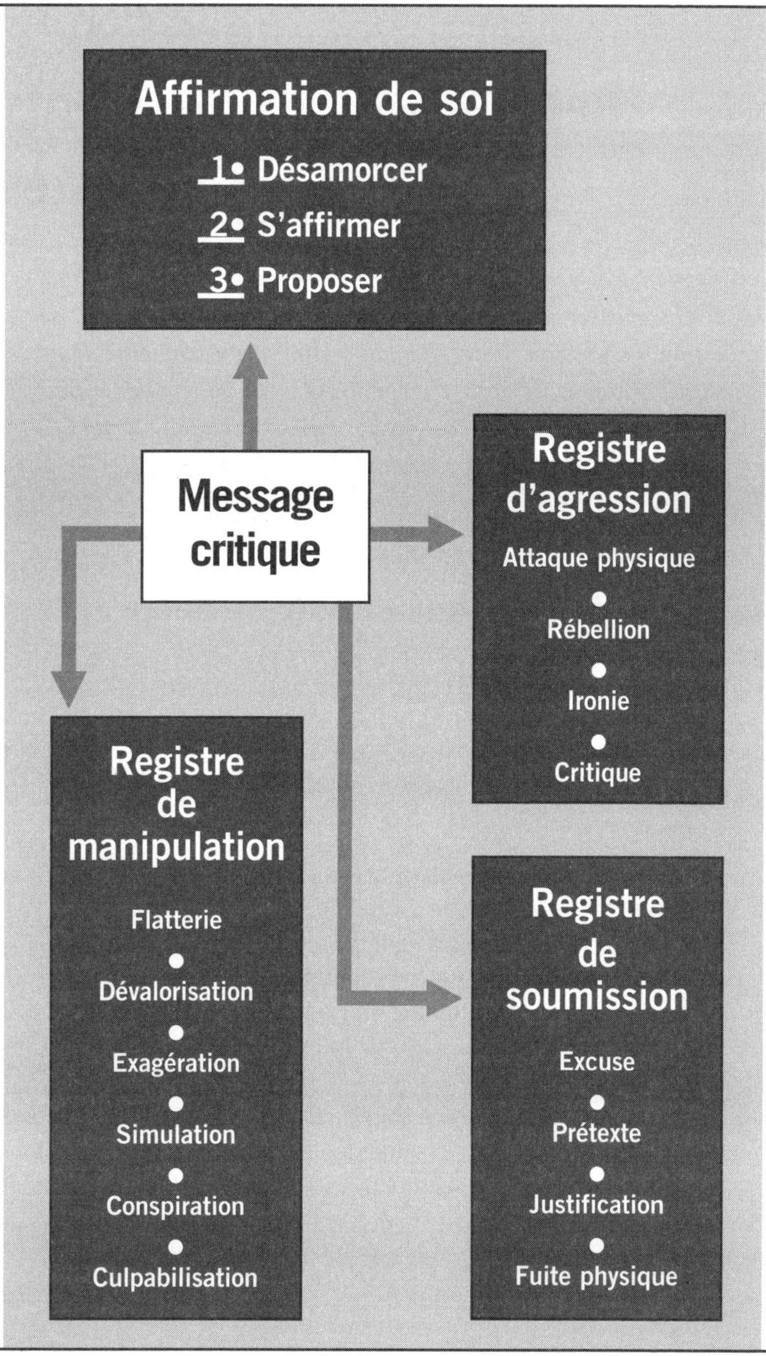
Affirmation de soi
1• Désamorcer
2• S'affirmer
3• Proposer
Message critique
Registre d'agression
Attaque physique
Rébellion
Ironie
Critique
Registre de manipulation
Flatterie
Dévalorisation
Exagération
Simulation
Conspiration
Culpabilisation
Registre de soumission
Excuse
Prétexte
Justification
Fuite physique

❷ La fuite

La fuite est une attitude d'évitement actif ou passif devant les gens et les événements. Plutôt que de s'affirmer, la personne préfère se soumettre ou s'en aller, même si cela la dessert.

✓ ***Quelques exemple d'attitudes de fuite :*** tendance à être surmené (avoir toujours trop à faire), paralysé devant un problème à résoudre, à se montrer soupe au lait (exploser au lieu de résoudre un problème), à temporiser (reporter sans arrêt), à être velléitaire (ne jamais terminer un travail), à observer (ne jamais prendre parti), à être trop dévoué, trop modeste, à se montrer indifférent, à théoriser (expliquer le fond du problème sans le résoudre), le pessimiste (« on n'y arrivera pas »), à se conformer (ne jamais sortir des pratiques établies), etc.

✓ ***Prétextes invoqués :*** « je ne veux pas dramatiser », « il faut savoir faire des concessions », « je n'ai pas envie de me faire mal voir », « j'ai peur de blesser les autres », etc.

✓ ***Conséquences néfastes :*** ressentiment et rancœur, gaspillage d'énergie, perte du respect de soi-même, souffrance personnelle.

Conseil pratique

Sortir du cercle vicieux de l'attitude d'évitement

→ Repérez les situations que vous avez tendance à fuir et demandez-vous si cela peut vous nuire dans votre activité professionnelle. Recherchez alors les origines de votre attitude et tentez une action positive propre à susciter une réaction favorable de votre entourage. Cette réaction servira de tremplin à d'autres actions positives de votre part et vous trouverez un remède à la frustration que vous ressentiez jusque-là.

→ Faites un point exact sur les rapports de pouvoir afin de relativiser l'hostilité de votre environnement. Reprécisez votre marge d'autonomie.

→ Faites un bilan réel sur votre capacité à résoudre les problèmes. Testez-vous sur un problème particulier.

→ Préférez un environnement de travail chaleureux, un métier exempt d'agressions, entretenez un réseau d'amis fidèles.

✓ ***Origines :*** elles peuvent être multiples et provenir :

- d'une fausse représentation de la réalité, des rapports réels de pouvoir et d'influence, surestimation du pouvoir de l'autre ;
- d'une tendance à la dévalorisation systématique, notamment sur sa capacité à résoudre les problèmes ;
- d'un besoin d'être entouré, aimé, lié à une éducation sévère, un sentiment de solitude.

❸ L'attaque

L'agressif est une personne qui profite de sa position de force pour imposer ses vues ou ses méthodes aux autres.

✔ ***Quelques exemples d'attitudes d'agression :*** tendance à « casser », à dévaloriser les autres, à dénoncer, à contredire, à saboter, à redresser les torts, à parler plus fort et plus longtemps que les autres, à prendre sa revanche, à intimider, à se mettre en première ligne. Personnalités susceptibles, solitaires, ambitieuses, etc.

✔ ***Prétextes invoqués :*** « dans ce monde, il faut savoir s'imposer », « les gens aiment se faire diriger par un tempérament fort », « les gens sont des faibles », etc.

Conseil pratique

Sortir du cercle vicieux de l'attitude d'agression

➜ Repérez les causes qui ont pu vous conditionner pour réduire la fréquence de cette attitude.

➜ Prenez conscience des facteurs déclenchants et efforcez-vous de les anticiper pour mieux contrôler votre agressivité.

➜ Essayez d'endiguer votre sentiment frustration en agissant sur vous-même : prenez soin de vous, donnez-vous l'occasion de fréquentes satisfactions.

✔ ***Conséquences néfastes :***

- chez les agressés : désir de revanche, mépris ;
- pour l'agresseur : souffrance d'être mal aimé, manque d'information utile (les autres ayant coupé tout contact avec lui par méfiance), gaspillage d'énergie.

✔ ***Origines :***

- crainte de la frustration, difficultés vécues comme des attaques ;
- peur de l'autre, crainte d'être écrasé par un rapport trop direct, d'être dévoré par le groupe ;
- désir de revanche qui pousse à se mettre en position de rivalité systématique.

❹ La manipulation

Le manipulateur entend se donner à tout prix l'impression de détenir du pouvoir et de le faire croire aux autres. Pour maintenir cette image valorisante de lui-même, il est prêt à employer tous les moyens nécessaires.

✔ ***Quelques exemple d'attitudes de manipulation :*** séduction, simulation, culpabilisation, dévalorisation, conspiration, mise en scène, etc., y compris l'affirmation de soi !

✔ ***Prétextes invoqués :*** « être franc et direct, c'est une attitude de boy-scout », « il est plus facile d'agir par personne interposée », « le face-à-face offre moins de possibilités que l'action indirecte »...

✔ ***Conséquences néfastes :***

- pour le manipulateur : perte de crédibilité du manipulateur à mesure que ses trucs s'éventent dans son entourage ;
- chez les manipulés : passivité, soumission, manque d'initiative (la personne se sentant enfermée) ; désir de rébellion et de revanche (ressentiment, agressivité) ; méfiance systématique envers le manipulateur...

✔ ***Origines :*** le manipulateur ne fait que reproduire à l'infini le comportement de ses parents qui avaient peut-être tendance à lui cacher des vérités dans son enfance.

Conseil pratique

Sortir du cercle vicieux des attitudes de manipulation

➜ Recherchez les causes profondes de votre tendance au contournement, à la dissimulation, etc.

➜ Repérez les situations où vous avez plus particulièrement tendance à glisser sur cette pente. Isolez une situation particulière (réunion, entretien, différend avec un collègue, etc.) et demandez-vous quel était votre objectif personnel et quel aurait dû être votre objectif professionnel.

➜ Regagnez la confiance de votre entourage en clarifiant votre comportement.

Section 4

Devenez assertif

Pratiquer l'affirmation de soi suppose votre adhésion à ses principes – la déclaration des droits de l'individu. Après une phase d'appropriation, l'approche négociée peut devenir votre mode de communication privilégié au travail, et pourquoi pas dans votre vie personnelle.

❶ La déclaration des droits de l'individu

Il ne suffit pas de prendre conscience de ses peurs intimes à l'origine de certains comportements néfastes pour les diminuer ou les supprimer. Encore faut-il se sentir le « droit » de changer, de se dévoiler. La méthode de l'affirmation de soi répond à cette crainte de transgresser un interdit ou d'être rejeté, en proposant d'adhérer à un préalable propre à faciliter le passage à l'acte : la déclaration des droits de l'individu. Connaître ses droits, et reconnaître ces mêmes droits aux autres, c'est en effet accroître ses chances de pouvoir s'affirmer face à leurs comportements.

Pour aller plus loin

L'affirmation de soi postule que chacun possède certains droits fondamentaux :

→ Le droit d'avoir et d'exprimer ses propres goûts, sentiments, opinions et réactions, ce qui suppose de reconnaître ce même droit aux autres.

→ Le droit d'être responsable de son propre comportement quels que soient les inhibitions et les conditionnements liés à notre éducation ou notre mode de vie.

→ Le droit d'exprimer ses faiblesses ou ses limites au lieu de les taire.

→ Le droit d'exprimer ses préférences au sein d'un groupe, même s'il est composé de personnes détenant une part inégale de pouvoir.

Cette franchise est la condition d'une bonne communication et d'une bonne négociation.

❷ Apprenez à négocier

La procédure générale d'affirmation de soi, qui peut se décliner en de nombreuses circonstances, obéit à la logique du MOI, TOI, NOUS, c'est-à-dire à la logique de la négociation :

✔ ***MOI : faites part de vos besoins, de vos insatisfactions, de votre ressenti.*** « Je voudrais te faire part de… » « Il me semble important de t'expliquer que… »

✔ ***TOI : écoutez les besoins, les insatisfactions, le ressenti de l'autre.*** « Pour ta part qu'as-tu ressenti… ? » « Pourrais-tu m'expliquer… ? » « Précise-moi s'il te plaît… »

✔ ***NOUS : trouvez un terrain d'entente (compromis, solution innovante) et retirez satisfaction d'un aboutissement concerté.*** « À présent, que pourrions-nous mettre en place pour que toi et moi… ? » « Je te propose telle solution, est-ce qu'elle te satisferait ? » « Cet accord nous permettra à l'un et à l'autre de… ! »

À vous de voir si vous avez intérêt, en fonction des circonstances, pour maîtriser vos propres affects ou par diplomatie, à intervertir l'ordre de la transaction : TOI, MOI, NOUS.

Pour mieux comprendre le bénéfice de ce principe, essayez de compter le nombre de fois, lors de communications professionnelles, où c'est le TOI qui est absent !

Conseil pratique

L'approche négociée apparaît utile, en particulier face à votre hiérarchie ou vos collaborateurs, dans les cas suivants :

➜ quand il faut dire quelque chose de désagréable à quelqu'un ;

➜ quand on doit demander quelque chose d'inhabituel et que la probabilité d'un refus est forte ;

➜ quand il faut refuser une demande émanant des autres, au risque de leur déplaire ;

➜ quand on essuie des critiques ;

➜ quand on veut initier un dialogue ;

➜ quand on veut faire valoir ses idées ;

➜ quand on doit défendre ses droits.

❸ Savoir dire non

Vous venez d'établir, à l'aide des principes de priorité, catégorie et durée, votre plan de journée (voir chapitre 2, p. 35) et vous réalisez soudain que vous ne pourrez pas tout faire ! N'auriez-vous pas intérêt à renoncer à un certain nombre de tâches ? Et que ferez-vous si l'on vous confie une nouvelle tâche dans la journée ?

De nombreuses personnes avouent, comme un péché, avoir du mal à refuser une tâche supplémentaire. Mais pourquoi avoir du mal à dire « Non » ? Bien sûr, il y a la crainte de déplaire, mais la cause la plus immédiate est l'incapacité à édifier le Non sur une cause objective. Or, en établissant votre plan de journée, il se trouve que vous disposez à présent d'un argument de poids : vous connaissez précisément votre budget temps et vous êtes vous-même convaincu de ne plus pouvoir accepter de travail supplémentaire, ce qui évite la dérive dans la culpabilisation. Vous êtes donc en mesure d'argumenter un refus.

On peut mesurer dans cet exemple à quel point les méthodes classiques de gestion du temps et les techniques d'affirmation de soi sont complémentaires. Les associer intelligemment peut vous aider à retrouver un véritable confort de travail et, avec lui, votre motivation perdue.

Conseil pratique

L'art du refus

La crainte honorable qui consiste à ne blesser personne peut être avantageusement corrigée par une approche négociée :

➜ Dites : « Je suis désolé, ce n'est pas possible. »

➜ Donnez les raisons objectives : « Il se trouve que… », « Vous savez que… », « La tâche que vous me demandez suppose que… »

➜ Exprimez votre sentiment face à cette situation : « Je comprends que vous soyez déçu », « J'imagine que vous vous attendiez à… » Puis, écoutez la personne.

➜ Proposez une solution et trouvez un accord : « Je vous propose que… », « Je vous conseille de vous orienter vers… »

➜ Exprimez le bénéfice commun : « Je suis satisfait que nous ayons trouvé un arrangement car, pour ma part, cela me permettra de… et vous de… », « Merci pour votre compréhension. »

Et si vous n'arrivez pas à dire non sur le champ, au moins ne dites pas oui ! Demandez un délai. Répondez non quand vous serez en mesure de le faire.

Et vous, où en êtes-vous ?

Agressivité, affirmation de soi, fuite, manipulation : quelles sont vos tendances ?

Répondez oui aux questions pour lesquelles le comportement indiqué correspond le plus souvent au vôtre. Répondez non dans le cas contraire, en essayant de répondre à toutes les questions.

		oui	non
1	Il m'arrive de terminer les phrases à la place de mon interlocuteur.	X	
2	Par goût du jeu ou du paradoxe, je peux défendre brillamment un point de vue que je ne partage pas.		X
3	À un ami qui me demande un service, je peux dire non sans le fâcher car je sais le lui faire admettre.	X	
4	J'ai souvent l'impression que je n'ai pas de chance.		X
5	J'exprime volontiers à mes proches l'amitié ou l'amour que je leur porte.	X	
6	J'ai du mal à demander de l'aide ou un service à mes proches.		X
7	Je provoque volontiers mon interlocuteur jusqu'au conflit. que je ne crains pas.		X
8	Sans mentir réellement, je sais déguiser la vérité pour me la rendre plus favorable.	X	
9	Je sais exploiter les faiblesses que j'ai su déceler chez mon interlocuteur.		X
10	Je n'ai pas peur de critiquer quelqu'un en sa présence.		X
11	Je sais écouter jusqu'au bout des arguments en faveur d'une opinion qui n'est pas la mienne.	X	
12	Je dis souvent oui alors que je voudrais dire non.		X
13	Je connais mes points faibles et n'hésite pas à demander de l'aide dans ces domaines si j'en ai besoin.		X
14	Je n'aime pas prendre des risques.		X
15	Je préfère parler plutôt qu'écouter.		X
16	Je sais exploiter à mon profit les succès des autres.		X
17	Je pense que la vérité est rarement bonne à dire.		X
18	Je peux formuler une demande et m'entendre répondre non sans être irrité.		X
19	Je supporte mal les faiblesses des autres.	X	
20	Je préfère laisser les autres décider.		X

Pour connaître le résultat de votre auto-évaluation, reportez-vous à la page 122.

L'essentiel

COMPRENDRE LES ORIGINES DES DÉRAPAGES RELATIONNELS EN TRAVAILLANT SUR SOI-MÊME À L'AIDE DE TECHNIQUES SIMPLES ISSUES DE L'AFFIRMATION DE SOI PERMET DE REPARTIR SUR DES BASES SAINES ET DE RETROUVER ÉNERGIE ET EFFICACITÉ.

1 SUIVRE AVEUGLÉMENT SES PULSIONS EST CONTRE-PRODUCTIF

Quelles que soient leurs origines, les attitudes comme l'excès de zèle, l'obsession de la perfection, l'agressivité, la manipulation ou encore la fuite… n'ont plus leur place dans un monde où l'expression, la participation et la prise d'initiative sont désormais des marques de professionnalisme.

2 UNE BONNE ORGANISATION AU TRAVAIL PEUT ÊTRE RÉDUITE À NÉANT PAR UN CLIMAT RELATIONNEL NÉFASTE

Les techniques classiques de gestion du temps sont une condition nécessaire mais insuffisante pour gérer son stress. Savoir gérer son temps, c'est donc aussi savoir gérer ses relations, en particulier grâce aux techniques de l'affirmation de soi.

3 TOUTE DÉMARCHE DE RÉSOLUTION DES CONFLITS PASSE PAR UNE PHASE D'AUTO-OBSERVATION

Prenez conscience de votre motivation inavouée et rectifiez le tir au regard de l'exigence professionnelle à laquelle elle s'est substituée.

4 VOIR À TRAVERS LES MASQUES DES AUTRES EST NÉCESSAIRE POUR POUVOIR S'AFFIRMER

Comprendre à quel besoin intime répond le mépris affiché de l'un ou le défaitisme chronique de l'autre vous donne une base solide pour exprimer vos besoins et faire valoir vos opinions.

Chapitre 6

Reconquérir votre temps et se faire plaisir

Objectifs du chapitre

✗ Faire face aux afflux de stress en se posant les bonnes questions.

✗ Définir ses objectifs de vie.

✗ Repenser son hygiène de vie.

Section 1

Apprenez à gérer votre stress

Grâce aux techniques de gestion du temps, vous avez appris à répondre aux questions « Que faire ? » « Pour quand ? » et « Comment le faire ? ». Il est temps à présent de vous poser la question la plus dérangeante de toutes : « Pourquoi ? » Ce questionnement vous permettra de savoir ce que vous ne voulez plus et commencer à réguler votre stress.

1 Du « Quand ? » au « Pourquoi ? »

Ce n'est pas se flageller que de reconnaître que l'on se laisse trop souvent porter par les circonstances. Que l'on soit traducteur, prêtre, employé des impôts ou commercial, nous avons revêtu un habit sans nous demander s'il nous sied encore.

Selon les épisodes de votre vie, vos actions ne semblent plus obéir à votre seule bonne volonté. Vous vous laissez porter par les événements, bref par le « bon vouloir des autres ». Dans l'urgence, vous taisez souvent vos états d'âme pour rester centré sur l'objectif professionnel, même si cela vous conduit au doute, à la paralysie, à la démotivation, voire à la dépression pure et simple. Ces symptômes de stress vous rappellent sainement que vous n'êtes pas programmable et que la logique de la vie prime sur votre seule volonté.

L'afflux incontrôlé de stress est le moyen de reconnaître que le temps est venu de vous poser les vraies questions. À de tels moments, **la question fondamentale de la gestion du temps n'est plus « Quand ? » mais « Pourquoi ? »,** un questionnement qui va vous permettre d'identifier ce qui fait blocage dans votre vie, bref de savoir ce que vous ne voulez plus avant de trouver le moyen d'éliminer cette source de stress.

Conseil pratique

6 conseils pour contenir le stress

Le stress, qui vient du latin *stingerre* (serrer), n'est pas négatif en soi. À dose acceptable il est « stimulant » mais devient « agression » à dose trop forte. Alors, pour ne plus être esclave de votre stress :

➜ « Lâchez prise » sur les problèmes que vous ne contrôlez pas. Dans la hiérarchie des causes du stress, l'impuissance à faire changer les choses arrive en troisième position après la surcharge de travail et les conflits interpersonnels. Agissez sur ce qui dépend de vous.

➜ Parlez de vos difficultés sans tabou. Pouvoir « dire » les choses, exprimer son anxiété est réparateur. Cet effet de « soupape » est plus naturel que de se relaxer quand on est tendu.

➜ Sachez formuler ce que vous ne voulez plus. Connaissez mieux les limites de votre territoire, c'est-à-dire le non-négociable.

➜ Relativisez les risques d'échec. Au pire, que peut-il vous arriver ? Envisagez les conséquences les plus fâcheuses. Cela suffit souvent pour comprendre que le stress vous amène à « noircir le tableau » et comprendre que les solutions de repli sont très acceptables. La réalité est souvent moins exigeante que vous ne l'êtes envers vous-même, car elle ne place pas le défi au même endroit : l'amour propre.

➜ Renégociez les objectifs. À quel moment se « déstresse-t-on » ? Lorsque l'objectif est atteint ! Si la tension volontariste est trop épuisante, demandez un report d'échéance pour l'atténuer. Mais tirez des enseignements de chaque période « pesante ».

➜ Prenez au sérieux les symptômes de stress trop prononcés. Manifestations somatiques (maux de tête...) et capacités intellectuelles diminuées sont des indices forts. Le sentiment de ne pas « pouvoir s'arrêter de travailler » est un symptôme de surmenage pour les médecins.

❷ Savoir ce que vous ne voulez plus

Que ce soit dans votre vie personnelle ou professionnelle, efforcez-vous de consigner les moments les plus pesants – périodes de travail intense, périodes d'ennui – etc. Soumettez ensuite vos « Je ne veux plus » au questionnement incessant des « Pourquoi » ? Pendant une quinzaine de jours, **tenez ainsi votre « journal du stress »** pour envisager tous les cas de figure et cerner votre problématique personnelle.

✔ ***Vous ne voulez plus passer votre temps en sorties mondaines.*** Pourquoi ? Parce qu'elles vous ennuient. Pourquoi ? Parce que vous avez besoin de relations plus authentiques ! Qu'est-ce qui vous empêche de modifier la situation ? Pour quelles raisons les désirs des autres devraient-ils l'emporter sur les vôtres ? Pourquoi passer son temps à faire ce que vous ne voulez plus ? Cherchez pourquoi, il y a probablement un sacrifice qui ne se justifie plus dans les circonstances actuelles et qui pourtant cambriole votre temps !

✔ ***Vous ne voulez plus travailler le week-end à la maison.*** Pourquoi ? Parce que vous n'avez plus le temps de récupérer vos forces. Pourquoi est-ce si important ? Parce que vous voulez préserver votre santé et votre corps. Vous y êtes ! Qu'aimeriez-vous faire pour vous ? Qu'est-ce que cela changerait dans la gestion de vos objectifs et de votre emploi du temps ?

✔ ***Vous ne voulez plus être débordé en permanence.*** Pourquoi ? Parce que vous avez l'impression que cela vous éloigne de votre plaisir, de votre créativité et de votre spontanéité. Quelles sont les techniques qui vous permettraient de réguler votre activité ?

La remise en cause du cadre général dans lequel vous exercez vos activités est sans conteste le facteur de votre gestion du temps qui a l'impact le plus important. Cette démarche est comparable à l'action d'un levier : en positionnant le point d'appui à la bonne distance, la force que vous déployez sur le manche est démultipliée. En prenant des décisions à la source de vos problèmes de temps, vous agissez sur tout le reste !

Et vous, où en êtes-vous ?

Retrouvez le sens de vos envies

Cette méditation devrait vous permettre de faire ressurgir vos désirs profonds, vos rêves anciens, qui pourront servir de base, dans un deuxième temps, à la définition de vos objectifs de vie.

Projetez-vous dans l'avenir, à 6 mois, 5 ans et à la fin de votre existence, sur chacun des plans suivants :

➜ vie personnelle (vous tout seul au monde !) ;

➜ vie familiale ;

➜ vie professionnelle.

Notez sur des feuilles de papier, en écriture automatique, tout ce qui vous traverse l'esprit autour des questions suivantes :

Dans 6 mois, qu'auriez-vous aimé avoir réalisé ? Personnellement ? Familialement ? Professionnellement ?

Dans 5 ans, qu'auriez-vous aimé avoir réalisé ? Personnellement ? Familialement ? Professionnellement ?

À la fin de votre vie, satisfait de son déroulement, qu'auriez-vous aimé avoir réalisé ? Personnellement ? Familialement ? Professionnellement ?

L'idée de cet exercice est de prendre conscience des déficits de sens de votre existence et de faire surgir des rêves oubliés. Quoi qu'il révèle, dites-vous qu'il vous reste encore du temps pour vous rapprocher de ce qui vous tient le plus à cœur, car les échéances dont on parle ici ne sont pas écoulées.

Prenez le temps nécessaire pour faire cet exercice. Tâchez d'obtenir une vingtaine de réponses pour chacune des questions et sur chacun des plans. Écrivez spontanément, sans trier mentalement vos éléments de réponses en fonction de critères de rationalité ou de faisabilité.

Pour connaître le résultat de votre auto-évaluation, reportez-vous à la page 123.

Section 2

Reconstruisez votre temps

Les outils et techniques de gestion du temps vous ont permis de réorganiser votre emploi du temps en vous dégageant des pertes de temps subies. Mais il vous faut maintenant apprendre à vous émanciper des règles pour retrouver le sens du plaisir et de la convivialité et reconstruire votre temps dans toutes ses dimensions.

❶ Rationalisez votre temps professionnel

Comme vous l'avez constaté tout au long de votre lecture, reconquérir son temps est un moyen de retrouver tranquillité d'esprit et énergie au service d'une efficacité professionnelle accrue.

Pour cela, vous avez acquis, dans un premier temps, une démarche « instrumentale », basée sur le développement de savoir-faire et de techniques visant à renforcer à la fois l'efficacité individuelle et collective :

- ✔ définition des priorités et des durées puis classement des tâches à court, moyen et long termes ;
- ✔ choix d'un support de gestion du temps adapté à vos besoins ;
- ✔ développement de nouvelles compétences et connaissances : lecture, rédaction, informatique ;
- ✔ chasse aux interruptions (téléphone, discussions) et aux déperditions de temps injustifiées (réunions, entretiens) ;
- ✔ développement de l'autonomie, axée sur une meilleure complémentarité, des membres de l'équipe : du manager aux collaborateurs en passant par l'assistante ;
- ✔ meilleur usage de la délégation, etc.

Cependant, les techniques classiques de gestion du temps sont une condition nécessaire mais insuffisante pour gérer votre stress professionnel. Il faut donc compléter ces outils par une démarche « relationnelle », visant à résoudre les tensions et les conflits interpersonnels.

Cette démarche s'appuie sur l'acquisition de techniques issues de l'affirmation de soi, à savoir :

- ✔ le repérage et l'identification des comportements professionnels contre-productifs ;
- ✔ la prise de conscience des motivations intimes à l'origine de ces comportements au moyen de l'auto-observation ;
- ✔ l'adhésion à la « déclaration des droits de l'individu » à exprimer ses sentiments et opinions, à être responsable de son propre comportement, à exprimer ses faiblesses ou ses limites ;
- ✔ la pratique de l'approche négociée dans les situations de communication à risque.

❷ Sachez réinjecter plaisir et convivialité

En suivant la démarche proposée jusqu'ici, vous avez acquis « l'esprit de gestion du temps », lequel peut être synthétisé en 10 principes, qui pourront vous servir de guide pour penser votre temps en général, indépendamment de toute situation professionnelle particulière.

⏭ Au plan personnel

Les règles de gestion du temps ne doivent pas être appliquées avec une trop grande rigidité sous peine de mettre en place un nouveau type d'aliénation. Connaître ces règles permet aussi de s'en émanciper lorsque vous le souhaitez ou lorsque vous en avez besoin. C'est le retour de la fantaisie, du plaisir déculpabilisé dans un emploi du temps rationalisé, dégagé des pertes de temps subies.

✔ ***Pensez en permanence valeur ajoutée.*** Ne pouvant absorber sans stress toutes les tâches, pilotez votre activité en gardant à l'esprit le facteur « valeur ajoutée », « utilité ». Mais ne bannissez pas le plaisir : favorisez la perte de temps « choisie » et non « subie » !

✔ ***Soyez perfectionniste sur l'important mais pas sur le non-important.*** Le perfectionnisme est une marque de professionnalisme à condition qu'il s'applique, sans obsession, à l'important. Traitez en conséquence le non-important avec plus de fantaisie. Sachez alterner les deux attitudes à bon escient afin de vous ménager des respirations mentales.

✔ ***Travaillez à chaud.*** Traitez une tâche lorsque votre esprit est alerte sur la question : rédigez un compte rendu d'entretien ou de réunion immédiatement après la rencontre ; exploitez les idées d'un dossier immédiatement après lecture. Évitez de temporiser pour ne pas perdre la structuration inconsciente des réflexions à chaud.

✔ ***Misez sur vos points forts pour compenser vos points faibles.*** Ne vous faites pas violence inconsidérément pour changer. Ce serait se battre contre vous-même alors que vous avez besoin de votre propre estime pour progresser. Préférez exploiter vos talents plutôt que corriger vos défauts.

✔ ***Évitez de refaire deux fois la même chose.*** Faire et s'observer en train de faire vous permet d'imaginer, pour les tâches répétitives et chronophages, les simplifications ou réorganisations propres à éviter les gaspillages de temps. Saisissez toutes les opportunités qui se présentent pour gagner du temps : élimination, simplification, automatisation.

Conseil pratique

Soyez « financier » plutôt que « comptable » de votre temps

Dégagez des stratégies de gestion du temps au lieu d'être obsédé par les minutes et les heures qui passent. Sachez où investir votre temps pour qu'il vous rapporte en efficacité, mais aussi en sens de l'action et plaisir de la vie. Et ne perdez jamais de vue vos grandes priorités. Sachez investir du temps aujourd'hui pour en gagner demain.

⏭ Au plan collectif

Cultivez la gentillesse mais n'hésitez pas à faire valoir votre point de vue ou vos sentiments lorsque vous en éprouvez le besoin. Soyez convivial, mais conditionnez cette disposition d'esprit à votre travail et à vos besoins d'isolement.

✔ ***Ne gagnez pas du temps contre les autres.*** Respectez une éthique relationnelle et sociale. Il n'y a pas pire ennemi pour l'efficacité collective et le confort psychologique que la mésentente et les conflits interpersonnels. Réinventez la gentillesse.

✔ ***Conciliez rigueur et souplesse.*** Deux notions difficiles à accorder mais indispensables en gestion du temps : rigueur dans le respect des principes (priorisation, durées…) et souplesse pour s'adapter au terrain.

Et non le contraire : flou mental sur les principes et rigidité comportementale face aux événements et aux autres.

✔ ***Favorisez le travail ininterrompu.*** Le problème pour les activités ardues n'est pas le volume de temps passé mais la quantité de temps ininterrompue. Protégez-vous en conséquence des interruptions tout en préservant l'esprit d'équipe.

Conseil pratique

Restez très prudent sur le temps partagé

Le mythe du travail en équipe est préjudiciable à la gestion du temps. Car si l'esprit d'équipe se fonde sur des valeurs qu'il faut défendre sans faiblir – solidarité, entraide, respect de l'autre, convivialité –, le travail en équipe, lui, ne devrait exister qu'autant qu'il s'impose techniquement pour faire avancer un problème. Prenez garde à ne pas organiser votre temps autour du temps partagé.

Section 3

Définissez vos objectifs de vie

Savoir ce que vous ne voulez plus est le préalable à la définition de vos objectifs de vie. Mais pourquoi faut-il se fixer des objectifs ? Et quand cela s'avère-t-il plus particulièrement nécessaire ?

❶ Pourquoi se fixer des objectifs de vie ?

Parce que les grandes orientations de votre vie sont les autoroutes de l'action.

En effet, si vous vous accordez sur le constat général suivant :

- ✔ la charge totale de travail n'a aucune raison de diminuer si l'on considère les défis économiques qui s'annoncent ;
- ✔ ce qui est attendu des salariés, en termes de qualité et responsabilité, n'a aucune raison de s'atténuer en l'absence de stratégies autres que la compétitivité ;

alors, le monde du travail a tout à gagner à replacer ses acteurs au centre de leur raison d'être, parce que :

- ✔ nous ne faisons bien que ce que nous aimons !
- ✔ nous ne changeons positivement que lorsque nous y gagnons quelque chose personnellement !
- ✔ nous ne sommes jamais aussi efficaces que lorsque nous nous réconcilions avec nos besoins fondamentaux !

Les témoignages du terrain confortent cette constatation. Les personnes les plus efficaces paraissent répondre à des forces internes qui les guident : un projet global, une ambition, une vision à long terme qui leur donne une raison d'être.

On ne fait jamais rien pour rien et il y a toujours une finalité à la clé. Même un travail contraint et forcé répond à un objectif implicite de gain d'argent. **Vivre sans objectif, c'est vivre sans objet.**

Pour aller plus loin

Le sens de la boussole

Pour Stephen Covey, définir des objectifs revient à troquer la montre contre la boussole. La montre représente nos engagements, nos rendez-vous, nos échéances, nos objectifs, nos activités – ce que nous faisons et comment nous gérons notre temps. La boussole représente notre vision, nos valeurs, nos principes, notre mission, notre conscience, notre orientation – ce qui nous paraît important et la manière dont nous menons notre vie. Le problème apparaît au moment où naît la divergence entre la montre et la boussole – lorsque ce que nous faisons n'est pas au service de ce qui est le plus important dans notre vie.

❷ Qu'est-ce qu'un objectif de vie ?

Qui suis-je dans mon travail ? Qui suis-je dans mes relations avec ma famille ? Avec mes amis ? Après les « pourquoi », ce deuxième questionnement permet de vous interroger sur les différents rôles qui sont les vôtres, de les mettre en balance et, au besoin, de redéfinir vos priorités de vie.

Bien gérer votre temps, c'est en somme **définir vos priorités parmi les différents rôles que vous êtes amené à jouer dans la société :**

- ✔ rôle professionnel ;
- ✔ rôle de conjoint ;
- ✔ rôle de parent ;
- ✔ rôle social (vie sociale, loisirs), etc.

Définir des objectifs de vie, c'est donc faire des choix, privilégier tel ou tel rôle par rapport à tel ou tel autre. Ce sont les objectifs ainsi fixés qui vont définir le déroulement de votre vie.

Pour donner un exemple classique, la mère de famille, qui se fixe pour objectif d'être présente auprès de ses enfants, conditionnera son activité professionnelle à cette exigence en choisissant de travailler à quatre cinquième de temps. Par opposition, un homme visera davantage la réussite professionnelle et se rendra disponible pour atteindre ce but, peut-être en choisissant parallèlement d'entretenir sa forme. Un bon objectif est celui que l'on ne reniera pas ou qui s'impose au regard des désirs du moment.

Témoignage

« J'ai beaucoup travaillé et me suis hissé au niveau de directeur d'usine dans l'agro-alimentaire. Les restructurations n'ont pas arrêté et j'ai dû accompagner les mentalités pour m'adapter à la nouvelle donne du marché de la distribution. Finalement, j'ai consacré dix ans de ma vie au travail, rentrant tard le soir et étudiant beaucoup car j'avais arrêté mes études très tôt. Puis, un jour, j'ai tout plaqué, je n'en pouvais plus, cette course n'avait plus de sens. Nous avons acheté un café restaurant dans le Sud et depuis je me sens heureux. »

Cependant, ces choix sont parfois difficiles à opérer. Privilégier l'éducation de ses enfants peut amener une mère de famille à stagner professionnellement. Quant à la réussite professionnelle, elle a, elle aussi, des revers à plus ou moins long terme, en particulier au plan familial.

N'oubliez pas que vos valeurs et objectifs sont appelés à changer au fil du temps, lorsqu'une page de votre vie se referme (quand les enfants sont grands) ou lorsque l'ambition professionnelle perd de son sens (à l'approche de la retraite). En fait, chaque étape de la vie impose de s'engager différemment. Sans tomber dans l'irréalisme qui consisterait à dire que l'on peut tout faire à n'importe quel moment, il reste toujours, dans l'univers des possibles, un espace pour redonner cohérence à ses agissements.

3 Quand définir des objectifs de vie ?

On est amené à définir ou redéfinir ses objectifs de vie :

- ✔ lorsque l'on réorganise son emploi du temps grâce aux outils et techniques de gestion du temps : accorder ses occupations avec ses aspirations de vie permet de cadrer la démarche dans sa globalité ;
- ✔ à chaque nouvelle étape de la vie : lorsque l'on fonde une famille, lorsque l'on approche de la retraite, etc ;
- ✔ en cas d'incapacité à gérer son stress, de dépression : lorsque l'on ne sait plus ce que l'on fait, ni pourquoi on le fait, lorsque l'on s'interroge sur la valeur des activités que l'on entreprend, lorsque l'on a le sentiment de porter atteinte à ses projets et ses priorités de vie, etc.

Section 4

Faites-vous du bien

Agir sur les origines psychologiques du stress est une démarche payante mais de longue haleine. Aussi peut-elle s'accompagner d'une action visant à améliorer votre hygiène de vie. Car en matière de sommeil, d'alimentation et d'activité physique, il reste toujours beaucoup à apprendre et à faire, même lorsque l'on est déjà quelque peu sensibilisé à la question.

1 Prenez-vous soin de votre santé ?

Nombreux sont ceux qui, aujourd'hui encore, font l'impasse sur leur santé. Ils ignorent tout de leur corps, de son métabolisme, de ses mécanismes de base, de ses rythmes biologiques. Négligence en matière de prévention, ignorance des règles de base de la diététique, démission devant l'effort demandé par le sport, dépendance à l'égard des excitants, ou encore des anxiolytiques sont quelques-uns des travers les plus répandus. Ce n'est pourtant pas par manque d'information. Tous les médias reviennent régulièrement sur ces sujets.

Mais peut-être faut-il mettre en cause, dans cette matière comme dans bien d'autres, le manque d'anticipation qui s'exprime par la croyance tenace selon laquelle tant qu'il n'y a rien de cassé, il n'y a aucune raison de s'en occuper. Et il faut bien souvent qu'un dysfonctionnement, plus ou moins grave, apparaisse pour que l'on comprenne que **le corps est une mécanique dont il importe de prendre le plus grand soin,** et cela à tous les âges de la vie. À cet égard, le sommeil, l'activité physique et l'alimentation sont les trois grands domaines dans lesquels les habitudes peuvent sans cesse être améliorées.

❷ Comment dormez-vous ?

Qui dort mal vit mal. Améliorer votre qualité de sommeil est une condition essentielle de votre bien-être. La privation de sommeil a des effets dommageables sur la santé physique et mentale. Les insomniaques souffrent fréquemment de troubles de la personnalité. Et la prise de somnifères ne devrait correspondre qu'à des circonstances exceptionnelles, sans jamais excéder trois semaines pour ne pas laisser l'organisme s'accoutumer. Alors que faire pour mieux dormir ? Il peut être utile de rappeler quelques règles de bon sens propres à favoriser l'endormissement :

- ✔ éviter les repas trop copieux et trop riches, limiter le plus possible l'alcool, le café, le thé ;
- ✔ choisir des aliments plus digestes pour le dîner ;
- ✔ respecter le rituel du coucher : tirer les rideaux, plier ses vêtements, prendre un bain, lire quelque chose de relaxant.

Conseil pratique

➜ Sachez rompre momentanément avec les excitants. Caféine, alcool sont des accumulateurs de fatigue. Leur effet euphorisant et dopant est plaisant pour un résultat à court terme mais nuisible sur le long terme car ils empêchent de se reposer.

➜ Arrêtez de fumer. C'est une évidence, mais il n'est jamais négligeable de le rappeler.

Si l'on est contraint, pour diverses raisons, à écourter ses nuits, encore faut-il le faire intelligemment, notamment en calculant la durée moyenne de ses cycles de sommeil afin d'être en mesure de s'éveiller à la fin d'un cycle. D'une façon générale, le manque de sommeil peut être quelque peu compensé au cours de la journée par :

- ✔ des séances courtes de sommeil léger : elles ne doivent pas excéder vingt minutes, sous peine d'entrer dans un sommeil profond et risquer un réveil difficile ;
- ✔ des séances de relaxation de cinq minutes, qui vous permettront de décompresser : respirez profondément plusieurs fois de suite lentement pour contribuer à aérer votre cerveau et à détendre votre buste. Lavez-vous les mains à l'eau froide et frictionnez-vous les poignets pour vous relaxer. Déplacez-vous : marchez dans le couloir, allez prendre l'air pour vous décontracter.

❸ Faites de l'exercice

La position assise à raison de huit heures par jour accélère le vieillissement du corps et favorise les douleurs comme le mal de dos. La station debout prolongée occasionne d'autres désagréments, comme les problèmes de circulation. C'est pourquoi la forme, loin de se réduire à une question de mode, doit être considérée comme une affaire sérieuse.

Les sports les plus recommandés sont ceux qui contribuent au meilleur épanouissement corporel (renforcement musculaire et entraînement cardiaque) et protègent la santé, comme la natation, la marche, le jogging et le vélo. L'exercice permet également d'activer la production des hormones endorphines connues pour leur rôle antidépresseur.

Pour améliorer le fonctionnement de l'organisme et éliminer véritablement les toxines, le sport doit être pratiqué au moins 3 fois par semaine à raison de 30 minutes par séance.

La pratique régulière d'un sport nécessitant une bonne discipline respiratoire, comme la natation, la course à pied, le yoga, améliore le fonctionnement non seulement des muscles et du cœur, mais aussi du cerveau.

Conseil pratique

Le corps a besoin de se dépenser mais aussi de se détendre. Pour cela, appliquez les techniques de décontraction. Sans toutefois s'attaquer aux causes, les séances de relaxation, de respiration, de méditation, de massages, de sauna, etc., s'avèrent de bons palliatifs au stress.

❹ Équilibrez votre alimentation

Aujourd'hui, on s'intéresse à l'alimentation non plus seulement pour maigrir, mais pour cultiver sa forme et prévenir certaines maladies. Ainsi, une diététique bien conduite réside tout d'abord dans la proportion des éléments constitutifs de l'alimentation que sont les fruits et légumes, les protides, les glucides et les lipides.

Les proportions moyennes à respecter à l'échelle de la journée pour les trois premiers constituants sont les suivantes :

- ✔ 60 % pour les fruits et légumes, crus ou cuits ;
- ✔ 20 % pour les protides : poissons, viandes, œufs, fromages, fruits de mer, haricots, lentilles, fèves, etc. ;

Pour aller plus loin

Pourquoi pas un bilan de santé ?

Les vertus du bilan de santé ne sont plus à démontrer puisqu'il permet à la fois de détecter d'éventuelles maladies graves, de combler certaines carences et de rassurer les angoissés. Cet examen type, d'une durée de deux heures et à recommencer tous les cinq ans environ, se compose des examens suivants : taille, poids, capacité respiratoire, vérification de l'acuité visuelle et auditive, analyse de sang et d'urine, radio des poumons et électrocardiogramme.

- ✔ 20 % pour les glucides : pain, pomme de terre, riz, pâtes, céréales, sucre, miel.

Quant aux lipides, essentiellement l'huile et le beurre, ils sont à utiliser avec modération dans l'assaisonnement des salades et la confection des plats.

Outre le respect des proportions, on peut également améliorer son alimentation en appliquant quelques principes de base :

- ✔ manger lentement et bien mâcher ;
- ✔ ne pas grignoter entre les repas à moins qu'il s'agisse de fruits acides (pommes, poires, agrumes) qui permettent d'éviter les problèmes intestinaux ;
- ✔ consommer salades et crudités en début de repas pour stimuler la digestion ;
- ✔ ralentir la consommation des graisses animales (viandes, charcuterie) ;
- ✔ éviter l'abus de fritures et de plats en sauce ;
- ✔ préférer les modes de cuisson doux (à la vapeur, à l'étouffée) pour garder les vitamines intactes ;
- ✔ boire beaucoup d'eau : 1,5 litre par jour reste une bonne moyenne, le reste de nos besoins (1 litre environ) étant assuré par les aliments consommés.

Et vous, où en êtes-vous ?

Retour sur image

Pour terminer votre lecture, faites un retour en arrière qui vous permettra d'aller de l'avant. Installez-vous confortablement, relaxez-vous, choisissez un moment privilégié, tranquille, puis remontez dans le passé. Des images surgissent d'époque en époque.

Dans ce film, vous vous revoyez enfant à un âge où vous rêviez. Vous rêviez de quoi ? Vous espériez devenir quel personnage ? Votre bonheur était fait de quoi ? Laissez venir vos pensées et filer les images devant vos yeux.

Puis vous grandissez, vous retrouvez les doutes de l'adolescence, des valeurs vous animent qui semblent rester stables, quelles sont ces valeurs ?

Quelques années plus tard vous nourrissiez des buts ambitieux qui devaient orienter votre vie, vous en souvenez-vous ? Et votre vie professionnelle vous a accaparé ainsi que le temps familial. Mais quelles sont les convictions et les émotions qui reviennent comme un leitmotiv ?

Votre vie actuelle est-elle en harmonie avec ces aspirations répétées ? Quelles sont les occupations qui vous paraissent le mieux unifier vos besoins ? Et s'il y avait quelque chose à accomplir, ce serait quoi ?

Pour connaître le résultat de votre auto-évaluation, reportez-vous à la page 123.

L'essentiel

GÉRER SON TEMPS PERMET DE GAGNER EN COHÉRENCE PAR RAPPORTS À SES ASPIRATIONS ET DE RETROUVER LE SENS DU PLAISIR ET DE LA CONVIVIALITÉ.

1 TROP DE STRESS DOIT VOUS CONDUIRE À VOUS INTERROGER SUR LE SENS DE VOS ACTES

Savoir ce que l'on ne veut plus est une première étape dans la démarche de définition des objectifs de vie.

2 VIVRE SANS OBJECTIFS, C'EST VIVRE SANS OBJET

Conditionner son travail à ses priorités de vie quelles qu'elles soient (famille, ambition professionnelle, vie sociale, etc.) permet de redonner du sens aux actions quotidiennes.

3 AMÉLIOREZ VOTRE HYGIÈNE DE VIE EST UN MOYEN EFFICACE POUR GÉRER LE STRESS

Le sommeil, l'activité physique et l'alimentation sont les domaines prioritaires dans lesquels il est toujours possible de changer ses habitudes.

❑ ***Notes personnelles***

Résultats des exercices

.13

Vous arrive-t-il de penser que...

Ce petit questionnaire aurait pu s'appeler : « Êtes-vous candidat à la gestion du temps ? » Si avez répondu fréquemment OUI à ces questions, vous gagnerez à « réaménager votre temps » pour atténuer ces ressentis désagréables.

.25

Vos croyances

En réalité, tout est faux. Une gestion du temps ni outrancière, ni fantaisiste permet d'éviter ces biais.

.32

Test d'efficacité

La plupart des personnes se laissent piéger par ce test amusant et la moitié de celles qui le réussissent l'avait fait auparavant. C'est dire que le réflexe de précipitation dans l'action est bien ancré. Et la tentation de répondre à toutes les questions plus grande que celle de respecter le deuxième point : « Lisez tout avant de commencer. » Or, le point 22 simplifie la tâche, puisqu'il suffit de noter son nom en haut et à droite et de retourner la feuille !

.43

Simulation court terme

Une dizaine de minutes suffisent pour cadrer la journée qui commence.

1. Bloquez le temps partagé sur l'échelle de temps.

- La réunion de 10 heures : prévoyez un créneau entre 9h45 et 11h30. Pourquoi si large ? Parce que vous aimez la ponctualité. Vous arriverez un peu avant, sans vous faire d'illusion sur la ponctualité des autres, et vous prévoyez une dérive jusqu'à 11h30.
- La vidéo. Vous avez 4 possibilités : 1. Vous y tenez ! C'est aujourd'hui, et pas un autre jour : c'est donc UI. 2. D'autres séances seront programmées : c'est uI. 3. Vous connaissez déjà le message mais c'est la dernière projection : c'est Ui. 4. Les projections sont régulières et se ressemblent : c'est ui Quel est votre choix ? Vous décidez d'y aller ? C'est un budget temps minimal d'une heure.
- Le pot. Si vous souhaitez y aller pour vous faire plaisir, bloquez donc de 17 heures jusqu'à la fin de la journée. N'imaginez pas que vous aurez le temps de travailler après.

2. Inscrivez les autres tâches sur votre plan de journée.

- Corriger le dossier de 30 pages : c'est probablement UI. Si vous souhaitez attendre demain, c'est uI. Cela prendra au moins 20 minutes !
- Abonnement : le mieux est de répondre rapidement par e-mail. Vous êtes tenté de le faire de suite ? Pourquoi pas ? Sinon, notez-le,

pour l'évacuer de votre pensée, en uI. Durée : 5 minutes, qui est la durée minimale de principe.

- Informer d'un retard de 15 minutes : notez cette tâche en Ui. Certes, les réunions démarrent rarement à l'heure. Mais par respect pour les autres, et parce que vous êtes pragmatique, vous décidez de prévenir de votre retard dès le matin. Inscrivez l'appel téléphonique dans le créneau horaire précédant la réunion. Vous commencerez par lui, c'est ce qui s'appelle une priorité.
- Changer réservation TGV. Le piège ! Pour gagner une demi-heure, vous étiez prêt à classer cela en UI, c'est-à-dire à perdre 20 minutes pour rechercher un nouvel horaire et récupérer les billets, quitte à demander à quelqu'un de le faire pour vous. Pour un gain de temps de 10 minutes, vous risquez d'exploiter abusivement votre énergie ou celle des autres. C'est en réalité à glisser en Ui. Si vous avez le temps, vous le ferez, sinon, vous boirez un café avant de prendre votre train.
- Vérif pièces du dossier / Tél. interlocut / Confirm R.V. sont souvent des tâches classées, à juste raison, en UI, donc à faire dans la journée.
- Le gros dossier, budgété à 4 heures (vous pensiez moins ?), et le compte rendu de visite (probablement 2 heures) seront commencés aujourd'hui ou demain. Glissez-les en uI.
- Photocopie de la brochure pour un collègue. Vous étiez tenté de reléguer cette tâche en bas du plan de journée, avec le flacon de correcteur et le magazine ? Vous appelez cela des promesses ? Puisque vous vous êtes engagé, considérez que vous êtes obligé de le faire. Heureusement, vous aviez pris la peine de préciser : « Dans les quinze jours, cela te conviendra-t-il ? Mais tu les auras ! » Or, la tendance est plutôt de dire : « Je te les fais rapidement » en notant cela inconsciemment en Ui, c'est-à-dire que votre collègue ne verra jamais ses photocopies. Vous devez donc les classer en uI.
- Les piles et le flacon de correcteur ? À vous de voir. Regroupez ce genre de tâches. Le mieux est d'avoir un tiroir bien fourni pour éviter ces petites pertes de temps.
- Le magazine : c'est en soi relativement peu urgent et peu important (ui). Toutefois, n'oubliez pas de gérer vos lectures comme des priorités si votre travail dépend des informations que vous glanez çà et là (exploitez au mieux Internet).
- Et ranger bureau ? Pourquoi noter cette tâche puisque votre bureau est toujours impeccable ?

3. Additionnez les durées et appliquez le coefficient de temps maîtrisé

Il vous faudra 8 à 9 heures en moyenne pour réaliser toutes ces tâches, sachant que certaines d'entre elles, comme le gros dossier ou le compte rendu, peuvent être réparties sur plusieurs jours. Vous devinez d'ores et déjà que ces heures ne seront pas faciles à trouver.

Sur l'échelle de temps, tracez un trait pour votre arrivée (par exemple 9h), un autre pour votre départ (18h), puis encore deux autres pour la pause déjeuner (12h30-13h30).

Déduisez ensuite les temps bloqués : la réunion de service (1h45), le pot (1h), le film (1h).
Quel temps vous reste-t-il pour les autres tâches ? 4 à 5 heures !
Appliquez à cette durée votre coefficient de temps maîtrisé de 60 %, soit 40 % pour les imprévus. Il ne vous reste donc plus que 3h30 environ. Vous voilà tenté de fuir, d'autant que vous savez pertinemment que l'on a tendance à sous-évaluer de moitié la durée des tâches...

4. Numérotez les 5 premières priorités

Sur cette base, numérotez vos 5 premières priorités pour établir votre plan de journée définitif en fonction du temps disponible.

Plan de journée du............

Priorités	FAIRE	Durée	Téléphoner
UI ☐	*Vérif dossier*	*20 "*	*1 h*
☐	*Tél interlocuteur*	*30 "*	
☐	*Confirm RV*	*15 "*	
☐			
☐			
☐			
☐			
☐			
uI ☐	*Renouvellt abonnement*	*5 "*	
☐	*Gros dossier*	*4 h*	*6 h 30*
☐	*Photocop brochure*	*10 "*	
☐	*Piles*	*15 "*	
☐	*Compte rendu*	*2 h*	
☐			
Ui ☐	*Tél ...*	*5 "*	*30 "*
☐	*Réservation TGV*	*20 "*	
☐			
☐			
ui ☐	*Lire magazine*	*1 h*	*1 h*
☐	*Correcteur*	*5 "*	
☐			
☐			
	Total durée	*9 h*	

p. 48 Faites le point sur votre environnement professionnel

Si vos réponses se situent en grande partie sur les lignes 4 et 5, vous devez penser votre système de gestion en pensant informatisation, automatisation, NTIC.
Si vos réponses se situent plutôt sur les lignes 1 et 2, vous pouvez concevoir votre système de gestion du temps de manière plus classique et personnelle. Si les flèches de tendance vont fortement vers la droite, anticipez dès à présent vos besoins pour réduire le nombre d'étapes de mutation.

p. 61 Autodiagnostic d'efficacité personnelle

L'étalonnage de cette auto-évaluation étant difficile, il n'y a pas vraiment de norme idéale ou de modèle à respecter.
On peut toutefois avancer qu'entre 180 et 100 points, vous avez l'esprit de gestion du temps mais que vous manquez de méthode.
Si vous avez entre 100 et 130 points, vous gérez déjà bien votre temps en optimisant tout ce sur quoi vous pouvez agir. Les personnes qui obtiennent de tels scores reconnaissent malgré tout manquer d'« un système » ou d'« une vision globale » pour se sentir bien dans leur gestion du temps et ajouter peut-être un peu plus de souplesse.
Moins de 80, 70, 60... la gestion du temps n'est pas vraiment votre souci et de larges horizons s'ouvrent devant vous !

p. 67 En tant que hiérarchique, passez-vous suffisamment de temps...

Si vous avez plus de 6 réponses positives, votre projection dans l'avenir est déjà correcte. En dessous de 5, prenez le temps de revenir sur ces points pour prévenir plutôt que guérir.

p. 79 Questionnaire anticipation

Si vous avez plus de 6 réponses positives, votre projection dans l'avenir est déjà correcte. En dessous de 5, prenez le temps de revenir sur ces points pour prévenir plutôt que guérir.

p. 85 Autodiagnostic de vos pilotes internes

Reportez les points que vous avez attribués à chaque question en face du numéro correspondant, puis faites le total de chaque colonne.

Fais plaisir	Sois parfait	Sois fort	Dépêche-toi	Fais des efforts
1	2	3	4	5
6	7	8	9	10
11	12	13	14	15
16	17	18	19	20
Total : /16	Total : /16	Total : /16	Total : /16	Total : /16

Grisez les colonnes ci-dessous à hauteur de vos scores.

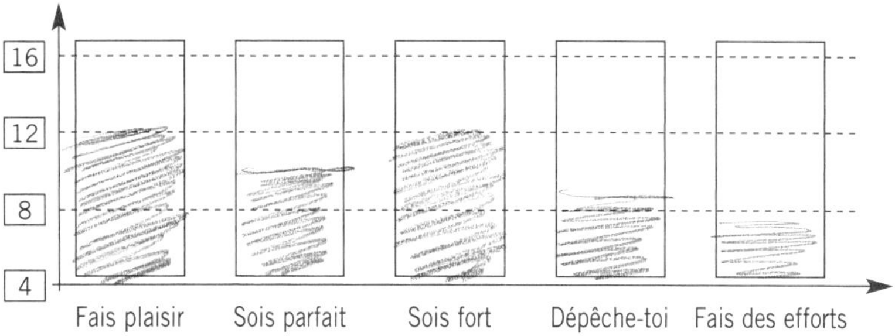

Lisez ci-dessous les corrections et parades conseillées en fonction de votre dominante.

Fais plaisir !

– *Correction :* ne calquez pas vos besoins sur ceux des autres et n'imposez pas les vôtres. Cherchez plutôt à faire la part des choses pour discerner le négociable du non-négociable. L'inconvénient de cette injonction unilatérale et systématique au sacrifice est qu'elle développe un sentiment d'injustice.

– *Conseil et parade verbale :* questionnez pour savoir si, dans certaines circonstances, « l'autre » attend effectivement que vous lui rendiez service ! Exemple : « Bien sincèrement, ta demande ne m'arrange pas, car je m'apprêtais à partir, cependant si cela te fait réellement plaisir, je le ferai pour toi. » Vous remarquerez que, bien souvent, la personne fera la répartie suivante : « Non ! Non ! Ce n'est pas ce que je te demande, je ne savais pas que tu devais partir, on peut voir cela demain… »

Sois fort !

– *Correction :* c'est la communication authentique qui est la plus nourrissante et c'est par l'émotion que les personnes révèlent cette richesse qui nous émeut. Le partage, même en période de deuil, ne soigne-t-il pas les blessures les plus douloureuses ? S'il existe des personnes cherchant effectivement à exploiter la faiblesse des autres, elles ne sont pas, de très loin, majoritaires. Les besoins humains étant les mêmes partout, notre « condition » est faite d'humilité.

– *Conseil et parade verbale :* testez, sans prendre trop de risques, en osant livrer vos craintes, vos anxiétés, vos fragilités puis veillez à la réponse. La plupart des personnes montrent beaucoup plus de sympathie que de rejet. Il suffisait parfois de faire le premier pas.

Dans le cadre professionnel, il ne s'agit pas d'être infaillible mais d'être responsable.

Dépêche-toi !

– *Correction :* il existe des situations innombrables où ce n'est pas la montre qui nous fait gagner du temps, mais la boussole. La tyrannie de l'horloge n'est parfois que celle que l'on s'impose. Malheureusement,

la pression actuelle sur le temps trouve en ce pilote interne une vraie locomotive.
– *Parade verbale :* sachez questionner pour distinguer les vraies urgences des fausses et redonner de l'élasticité au temps. Le « dépêche-toi » est parfois mauvais conseiller car il incite à faire « encore » quelque chose de plus au risque de se mettre en échec. C'est la personne qui rentre dans sa maison en feu pour sauver quelque chose d'insignifiant !

Sois parfait !
– *Correction :* tout passe, même les plus belles choses. Ce qui fut admiré finit par être renié. De toute manière, qu'importe ! Cette perfection est-elle au service de votre plaisir ou de votre épuisement ? Quel est l'objectif qui serait taillé à votre juste mesure ?
– *Conseil et parade verbale :* demandez-vous si l'exigence de perfection provient de vous-même ou des autres. Les circonstances imposent-elles la non-erreur systématique ou seulement de temps en temps ? La qualité, c'est répondre au juste besoin du client. Le connaît-on ? Pour trouver le bon dosage, posez la question suivante : « Quel est le niveau de qualité que vous attendez pour ce travail ? Faut-il qu'il soit impeccable ou plutôt synthétique ? » Si la réponse est positive, soyez perfectionniste, si la réponse est « Non, seulement 5 points clés, cela me suffit ! », vous aurez économisé beaucoup d'énergie.

Fais des efforts !
– *Correction :* l'efficacité est souvent affaire de fainéantise et de créativité. N'a-t-on jamais dit que les fainéants sont les plus intelligents ?
Suis-je jugé sur la dépense d'énergie ou sur le résultat ?
– *Conseil et parade verbale :* vérifiez que la dépense d'énergie demandée sera bien payée de retour par une diminution des risques encourus. Pour les « fais des efforts », les fausses urgences multiplient les occasions de faire toujours plus de prouesses d'adaptation. « Bien sincèrement, je ne me sens pas la force de foncer sur un nouveau projet, je me sens fatigué, serait-ce possible de différer le lancement ? »

p. 97

Agressivité, affirmation de soi, fuite, manipulation : quelles sont vos tendances ?

Comptez un point chaque fois que vous avez répondu oui à une question, puis faites le total de vos points dans chaque rubrique conformément au tableau ci-dessous :

Agressivité	Questions : 1, 7, 10, 15, 19	Total = 2
Affirmation de soi	Questions : 3, 5, 11, 13, 18	Total = 3
Fuite	Questions : 4, 6, 12, 14, 20	Total = 0
Manipulation	Questions : 2, 8, 9, 16, 17	Total = 1

p.103 Retrouvez le sens de vos envies

Vous avez éprouvé quelque difficulté à libérer votre tête ? C'est normal, car nous ne sommes pas habitués à relâcher nos pensées sans exercer de censure.
À l'issue de cette introspection, soulignez dans chaque liste ce qui vous intrigue, vous plaît ou vous interroge.
Pour chaque période – 6 mois, 5 ans, fin de vie –, retenez 3 idées dans chaque domaine – vie personnelle, vie familiale, fin de vie – soit 9 idées en tout.
Opérez une deuxième sélection parmi ces choix, car le temps manquera pour tout réaliser. Ne retenez finalement qu'une seule idée par domaine : personnel, familial, professionnel. Traduisez-les en objectifs opérationnels en formulant quel résultat vous souhaitez obtenir et pour quelle échéance.
De nombreuses personnes disent avoir été troublées par cet exercice, mais heureuses de l'avoir fait, parce qu'il mettait en lumière des contradictions et des frustrations à prendre en compte pour harmoniser les trois domaines de leur vie.

p.115 Retour sur image

Cet exercice a le même objectif que le précédent : vous remettre au centre de votre temps. Rejoindre son « essentiel », c'est écouter les voix intérieures qui nous parlent si on se laisse aller à les entendre.